슈퍼휴머니티

인간은 어떻게 스스로를 디자인하는가

KB116006

인간은 어떻게
스스로를
디자인하는가

슈퍼휴먼

국립현대미술관, 이플럭스 건축
기획

김재희, 마크 와시우타, 심광현,
에릭 릿펠트 · 로날트 릿펠트, 에마 아리사,
육 휘, 진중권, 카트린 말라부,
커먼 어카운츠, 하나 프록터, 홍성욱
지음

e-flux architecture

문학과지성사

슈퍼휴머니티
인간은 어떻게 스스로를 디자인하는가

제1판 제1쇄 2018년 3월 26일

발행
국립현대미술관, 이플럭스 건축,
문학과지성사

기획
이지회

이플럭스 건축 공동 기획
니콜라우스 허쉬, 닉 악셀, 마크 위글리,
베아트리츠 콜로미나, 안톤 비도클

글
김재희, 마크 와시우타, 심광현,
에릭 릿펠트·로날트 릿펠트, 에마 아리사,
육휘, 진중권, 카트린 말라부,
커먼 어카운츠, 하나 프록터, 홍성욱

편집
이지회, 김현주, 최대연

진행
크리스앤파트너스

번역
김지혜, 이재희

디자인
프랙티스

발행처 (주)문학과지성사
발행인 이광호
등록번호 제1993-000098호
주소 04034 서울 마포구 잔다리로7길 18
전화 02)338-7224
팩스 02)323-4180(편집) 02)338-7221(영업)
전자우편 moonji@moonji.com
홈페이지 www.moonji.com

© 국립현대미술관, 김재희, 마크 와시우타,
심광현, 에릭 릿펠트·로날트 릿펠트, 에마 아리사,
육휘, 진중권, 카트린 말라부, 커먼 어카운츠,
하나 프록터, 홍성욱, 2018.
Printed in Seoul, Korea

ISBN 978-89-320-3081-4 93100

이 도서의 국립중앙도서관
출판예정도서목록(CIP)은
서지정보유통지원시스템 홈페이지
(http://seoji.nl.go.kr)와 국가자료공동목록시스템
(http://www.nl.go.kr/kolisnet)에서 이용하실 수
있습니다.(CIP 제어번호: CIP2018004656)

이 책은 국립현대미술관 서울관에서 2017년 10월
27일부터 28일까지 개최된 '슈퍼휴머니티: 인간은
어떻게 스스로를 디자인하는가' 국제 심포지엄과
연계하여 발간되었습니다.

이 책은 Actar 출판사에 의해 영어본
"Superhumanity: Post-Labor, Psychopathology,
Plasticity"로 동시 출간되었습니다.

e-flux architecture

차례

축사

미술관은 더 이상 값비싼 사물들을 보호하는 보관함처럼 현실 세계로부터 분리되어 화이트큐브에서 전시만을 하는 곳이 아니다. 비록 몇몇 미술관들이 세계의 일부 도시와 대도시 중심의 체험경제에서 중요한 역할을 하고 있다고 하더라도, 미술관은 엔터테인먼트 혹은 관광산업을 위해 특화된 기관이 아닌 것이다. 미술관은 집단지성을 위한 역동적 엔진이며, 동시대 민주주의를 성취하는 데 필수적인 기관으로 간주할 수 있다. 최근 국립현대미술관MMCA에서 개최한 국제 심포지엄 '슈퍼휴머니티: 인간은 어떻게 스스로를 디자인하는가'는 우리 미술관을 포함한 여러 미술관들이 역사적인 타당성을 지닌 심미적 사물들을 담는 수동적 컨테이너, 즉 용기 이상의 기능을 할 수 있다는 절대적인 신념을 보여주는 생생한 사례가 되었다고 믿는다.

국립현대미술관은 2016년 이스탄불 비엔날레에서 베아트리츠 콜로미나, 마크 위글리, 니콜라우스 허쉬, 안톤 비도클의 지도와 지성적 리더십 하에 이플럭스와 협업하면서 시작된 바 있는 이 국제 심포지엄의 두번째 에디션을 주최하고 주관한 것을 자랑스럽게 생각한다.

미술관들은 경험과 의견을 창출하고 있다. 즉 미술관은 지식을 생성하고, 우리 사회에서 중요한 문제에 대한 토론을 이끌어내고 있는 것이다. 프랑스의 역사학자 파트리시아 팔기에르Patricia Falguière가 최근에 언급한 것처럼, 고대 로마와 아테네의 거대하고 고전적인 문명과 다시 연결하기 위해 15세기 이탈리아에서 생겨난 근대 박물관의 원형은 최초의 건축적 컨테이너로서 공공의 토론, 포럼, 아고라를 위한 필수적인 공간으로 지어졌다. 현재 우리 미술관들의 대부 격인 이 무세이온Mouseion은 시민들이 공공의 관심사, 즉 '레스퍼블리카res publica'(공화국)의 문제에 대해 논의하는 장소가 되기를 고대했다. 이는 정치의 고전적 개념에 대한 완벽한 정의로, 곧 미술관은 민주주의 사회가 존재하는 데 필수적인 요소인 것이다. 예술과 디자인은 우리를 개인으로 그리고 공동체로 형성하기도 한다. 말하자면 예술은 우리를 인간으로 규정한다. 예술가, 지식인, 과학자, 기술자, 그리고 의학에서 철학에 이르기까지 다양한 영역의 실무자들은 오늘날과 이후의 시대에 그들의 관점과 발견한 것들을 아낌없이 공유해오고 있다.

'슈퍼휴머니티'는 한국과 아시아를 넘어 국제적 전문가들의 창의적 연구에 대한 경험과 개념을 공유해, 국립현대미술관을 최고로 수준 높은 국제적 토론의 중심지로 만들기 위한 좋은 정책 사례로 볼 수 있다. 이 심포지엄의 훌륭한 결과를 발판 삼아 인문학, 그리고 정신과 물질의 과학이 우리 제도 안에서 어떤 식으로 강하게 상호의존하며 수행되는지에 관한 이해를 진전시킬 수 있으리라고 굳게 믿는다. 우리는 심포지엄 참여자들과의 협업이

인간 조건의 현재를 이해하고 그 미래를
상상하는 도구로서 계속해서 영감을
주기를 희망한다.

또한 독자들이 심포지엄 발표자들의
통찰력 있는 에세이를 담은 이 책을 즐겁게
읽기를 바라며, 더불어 국립현대미술관을
혁신의 장소이자 사유를 이끄는 기관,
세계 최고의 지성적 토론을 위해 마련된
무대로서 지속적으로 향유하기를
희망한다.

끝으로 이 기회를 빌려 성공적인 행사와
에세이집 출간이 가능하도록 도움을 준
지성의 파트너들과 발표자들, 심포지엄과
출판을 진행하며 여러 팀을 이끈 이지회
큐레이터를 비롯해 국립현대미술관의 관련
스태프와 파트너들에게 진심으로 감사의
인사를 전한다.

———

국립현대미술관 관장
바르토메우 마리Bartomeu Marí

기획의 말

디자인의 영역은 급격하게 확장해왔다. 행위로서의 디자인은 더 이상 실물의 세계에 국한되지 않는다. 신중하게 조율된 개인의 겉모습 혹은 온라인에서의 정체성으로부터 기기, 신소재, 인터페이스, 네트워크, 시스템, 기반시설, 데이터, 화학물질, 생물체, 유전암호 등까지 폭넓게 디자인이 이루어지고 있다.

4차 산업 시대를 맞아 우리는 인간이 만든 인공물이 일상의 형태를 끊임없이 새롭게 만들고 있음을 인지하며, 그런 만큼 디자인과 인간 간의 친밀하고도 근본적인 관계를 재고해볼 필요가 있다. 이에 국립현대미술관은 2017년 10월, 이플럭스 건축e-flux Architecture과 공동 주최로 건축과 디자인을 비롯해 과학, 미디어, 역사, 철학, 현대미술 등 다양한 분야의 전문가들을 초청해 '슈퍼휴머니티: 인간은 어떻게 스스로를 디자인하는가'라는 심포지엄을 열고 강연과 토론의 자리를 마련했다. 그리고 탈노동, 정신병리학, 인간의 뇌와 몸의 가소성을 다뤘던 강연 내용을 바탕으로 발표자들의 글을 모아 이 책을 출간하게 되었다.

인공지능 등의 발전으로 대두된 자동화 시대에 우리가 직면한 노동의 위기에 대응하고자 던진 첫번째 화두 '탈노동'이라는 주제에 대해 진중권은 생산과 소비의 게임화를 이야기한다.

디지털 시대에 인간이 기계와 관계함에 있어 무엇보다 놀이성과 미적 체험이 중요해졌다는 것이다. 육휘는 탈노동에 전재하는 노동과 기술 간의 개체초월적 관계를 설명하며 페이스북, 구글 등 현대인의 인식에 중요한 요소가 된 인간과 기계 사이의 조화를 사회심리적으로 분석한다. 김재희는 시몽동Gilbert Simondon의 인간과 기계의 조화라는 포스트휴먼 낙관론, 스티글레르Bernard Stiegler의 기술과 자본 결합의 필연성이라는 현실적인 비관론 사이에서 진정한 탈노동의 본질을 찾을 것이라 주장한다. 에마 아리사는 일본 로봇 호텔의 예를 들며 인공지능 시대에 인간의 일거리와 가치를 재구성하는 방법론으로서 IT 시대를 맞았던 시기를 돌아볼 필요가 있다고 말한다.

중독, 정신, 감정의 병을 토대로 인간의 특성을 탐구하고자 한 '정신병리학'이라는 두번째 주제 아래, 마크 와시우타는 중독 환자들을 위한 재활 공간이 된 고급 타운하우스를 소개하며, 무아경의 문화가 사회적 상황에 따라 같거나 다른 모습으로 공간화되었던 사례를 소개한다. 홍성욱은 스스로를 기계인간이라 불렀던 자폐증 소년 '조이Joey'를 예로 들며 인간과 기계를 대립적인 관계로 해석했던 기존의 정설을 뒤집고 탈인간적인 관점에서 바라본다. 하나 프록터는 성소수자 커뮤니티가 동료를 잃은 슬픔을 정치적 투쟁으로 승화시키는 과정의 정신분석 사례를 통해 급진적으로 사회를 변화시키고자 할 때 수반하는 정신적 상처를 돌봐야 한다고 강조한다.

인간의 뇌와 몸이 경험과 환경에 의해 조형될 수 있는 가능성을 분석한 마지막 주제 '가소성'을 대표하는 철학자 카트린 말라부는 반복의 개념과 니체의 복수 정신을 통해 슈퍼휴먼, 곧 스스로 디자인함으로써 존재하는 인간의 모습을 묘사한다. 커먼 어카운츠는 서울 강남의 성형외과 거리 등의 사례를 통해 인간의 몸이 곧 디자인이 이루어지는 현장임을, 고로 인간은 가소적plastic(혹은 조형적)으로 육체와 도시 환경 간 생산적 상호관계를 주도하는 디자인의 주체가 될 수 있다고 말한다. 심광현은 예술적 창조 행위를 할 때 뇌의 반응을 분석하는데, 정적인 안정성을 유도하는 공간과, 수천억 개의 뉴런들 간의 복잡계 네트워크로 이루어진 역동적 가소성 사이의 변증법으로 인간의 비판적 창의력이 야기된다고 말한다. 에릭 릿펠트와 로날트 릿펠트는 환경을 조형하는 행동 유도성, 즉 어포던스affordance를 디자인의 방법론으로 하며, 좌식 문명에 도전하는 가구 규모의 변화에서부터, 도시의 빈 건물에 임시 접근을 유도하는 등 사회적 공간의 경계에 대한 인식 전환을 제안한다.

이처럼 이 책에 수록된 다양한 분야의 전문가들이 쓴 에세이는 주어진 세 가지 테마에 대한 각자의 통찰과 비평, 제안을 담고 있다. '슈퍼휴머니티'의 모태가 되었던 제3회 이스탄불 비엔날레 '우리는 인간인가?: 종의 디자인'의 정신을 이어 대한민국과 아시아의 맥락으로 더욱 확장시킨 국립현대미술관과 이플럭스 건축의 『슈퍼휴머니티: 인간은 어떻게 스스로를 디자인하는가』를 통해,

인간으로서 우리 스스로에게 새로운 질문들을 던지며, 궁극적으로 우리 인간을 더 깊이 있게 이해하는 데 도움이 되기를 희망한다.

———

니콜라우스 허쉬Nikolaus Hirsch, 닉 악셀Nick Axel, 마크 위글리Mark Wigley, 베아트리츠 콜로미나Beatriz Colomina, 안톤 비도클Anton Vidokle, 이지회

1부

탈노동

짤막한 글인 「루이-필리프 혹은 실내Louis-Philippe, or the Interior」에서,
발터 벤야민은 19세기 일과 가정 사이에 그어진 새로운 경계선에 관해 썼다.

루이-필리프 치하에서, 개인으로서의 시민이 역사에 등장한다. [……]
이들에게 거주 공간은 처음으로 일터의 안티테제가 된다. 전자는
실내에 의해 만들어지며, 사무실은 그 보완물이다. 이로부터 실내의
판타스마고리아phantasmagoria가 분출한다. 사적 개인에게
사적 공간은 우주를 나타낸다. 그 안에서 개인은 머나먼 장소와 과거를
그러모은다. 그의 거실은 세계 극장의 박스석이다.

산업화는 8시간 교대 근무와 더불어 휴식과 노동, 밤과 낮의 분리를 가져왔다.
탈산업화는 일을 다시 집으로, 침실로, 심지어 침대로 되돌려놓았다. 2012년에
이미 뉴욕에 사는 젊은 직장인 80퍼센트 이상이 침대 위에서 자주 일하고 있다.
판타스마고리아는 더 이상 사적 공간의 벽에 늘어서지 않고, 전자기기 속으로
들어선다. 우주 전체가 작은 화면에 집중된다. 침대는 정보의 바다를 떠다닌다.
이에 응답이라도 하듯, 사무 공간은 수면 캡슐을 갖추며 가정화되어가고 있다.
침대는 전 지구적 활동의 특권적 장소가 되었다. 아니면 혹시 그러한 장소가
없어지기 시작한 것일까? 인간 노동의 종언에 관한 예견들을 더 이상 미래적인
것으로 다루지 않으면서, 새로운 수평적 건축이 공과 사, 일과 놀이, 휴식과 활동,
잠과 노동을 가르던 구별의 급격한 붕괴 속에서 그 자리를 이어받았다.

진중권

유희로서 노동

매직 서클의 소멸

요한 하위징아Johan Huizinga는 『호모 루덴스』에서 "우리의 문명은
놀이 속에서 놀이로서 일어나고 전개되어왔다"고 말한다. 그의 말에
따르면 놀이가 정치, 경제, 문화 등 인류의 거의 모든 활동의 모태였다.
과거에는 노동 과정에 놀이와 축제가 동반되었다. 학문은 현자들끼리
지혜를 겨루는 수수께끼 놀이에서 자라 나왔고, 그 시절에는 전쟁마저도
일종의 스포츠로서 수행되었다는 것이다. 한마디로 과거에는 현실 그
자체 위에 거대한 매직 서클magic circle이 드리워져 있었다. 하지만
언제부터인가 인간은 더 이상 놀이를 할 줄 모르게 되었다. 그렇다면
현실에서 매직 서클을 걷어내버린 것은 무엇이었을까?

막스 베버Max Weber는 우리의 시대는 '지성화intellectualization,
합리화rationalization, 탈마술화disenchantment'로 특징지어진다고
말한다. 지성화, 합리화, 탈마술화는 결국 현실 위에 드리워져 있던
거대한 매직 서클을 걷어내는 것을 의미한다. 데카르트René Descartes는
이성적 존재가 되기 위해서는 상상력을 배제하라고 가르쳤다.
산업혁명 이후에 등장한 노동 과정의 합리화(테일러리즘과 포디즘)는
노동으로부터 유희적 성격을 완전히 벗겨냈다. 발터 벤야민Walter
Benjamin이 말한 '아우라의 파괴'는 현실의 탈마술화의 최종 단계라
할 수 있다. 이 과정을 통해 과거의 호모 루덴스는 상상력이 결여된
지능인homo sapiens, 오직 일밖에 모르는 직업인Berufsmensch, 그리고
자신의 이해관계를 위해 모든 욕망과 감정을 억제하는 경제인homo
economicus으로 변모한다.

하지만 산업사회가 산업 이후post-industrial 사회로 변모하면서 한때 사라졌던 매직 서클이 다시 귀환하고 있다. 이 변화는 가상현실VR이나 증강현실AR과 같이 현실에 가상을 중첩시키는 디지털 테크놀로지에 힘입어 더욱더 가속화하고 있다. 여기에서는 먼저 현실 위로 매직 서클이 귀환하는 과정을 간략히 기술하고, 그 결과로서 노동과 유희가 중첩되는 새로운 상황과, 거기서 비롯된 새로운 문제들을 살펴볼 것이다.

매직 서클의 귀환

보드리야르Jean Baudrillard가 지적하듯이 후기자본주의에서 인간들은 상품이 아니라, 상품과 상품의 '사이,' 혹은 상품과 상품의 '차이'를 소비한다. 사회학자 소스타인 베블런Thorstein Veblen은 100여 년 전에 미국 상류층의 세계에서 이와 비슷한 현상을 발견한 바 있다.

찰리 채플린, 「모던 타임스」(1936)

피터르 브뤼헐, 「아이들의 놀이」(1560)

이른바 '베블런 상품'이라 불리는 고가의 상품들은 가격이 높을수록
외려 더 잘 팔린다는 것이다. 이는 그들이 상품을 사용가치가 아니라
사회적 신분을 표시하는 기호로 소비한다는 것을 의미한다. 이 과시적
소비를 '베블런 효과'라 부른다. 100년 전에는 상류층의 것이었던
이 소비 행태가 오늘날에는 전 계층으로 확산됐다. '사이'와 '차이'를
소비하는 곳에서는 생산 역시 당연히 기호의 성격을 띠게 된다. 그 결과
산업혁명기에 형성된 고전적 자본주의는 산업 이후 사회에 들어와
이른바 '기호자본주의semio-capitalism'로 변신한다.

상품과 상품 사이에 차이를 만들어내는 대표적 방식이 바로 고유의
디자인 혹은 브랜드다. 소비자들이 상품을 디자인과 브랜드로 소비할
때 기호자본주의는 자연스레 또 다른 유형의 자본주의로 진화한다.
오늘날 상품들은 '기호'로 소비되는 것을 넘어 '체험'으로 소비되곤 한다.
특히 오늘날 디지털 기기들은 사용가치나 기호가치를 넘어 이른바
'사용자 경험UX: user experience'을 지향한다. 그 기기는 사용자와
대화를 하며(AI), 그를 가상에 입장시키기도 하고(VR), 가상을
불러다 현실에 중첩시키는 등(AR) 다양한 체험을 매개한다. 이른바
오감 디자인은 제품의 모양이나 촉감, 음향 등으로 기기의 사용을
일종의 미적 체험으로 바꾸어놓는다. 존 듀이John Dewey에 따르면
예술의 목적은 경험을 제공하는 데에 있다. 오늘날 상품이 사용자에게
'경험'을 제공한다면, 그것은 이미 그 상품이 작품으로 기능함을
암시한다. 이렇게 상품이 작품으로 소비될 때 기호자본주의는 '미적
자본주의aestho-capitalism'로 진화한다.

예로부터 철학자들은 예술과 놀이 사이의 밀접한 연관을 보았다.
'사용자 경험'이 일종의 미적 체험이라면, 그것은 당연히 놀이의 성격을
띠게 된다. 여기서 자연스레 '사용자 경험'을 넘어 아예 '유희자 경험PX:
player experience'을 제공한다는 발상이 등장한다. 산업사회에서는
인간이 기계를 닮아간다면 정보사회에서는 기계가 인간을 닮으려
한다. 이 디지털 물활론의 상황은 과거와는 다른 유형의 인터페이스를
낳는다. 정보혁명의 인터페이스는 기계를 '마치 생명처럼as if'
제시한다. 기계가 유사생명으로 진화했기 때문이다. 메타포metaphor의

시각적 인터페이스는 이제 파타포pataphor의 촉각적 인터페이스로
변하고, 파타피직스pataphysics, 즉 가상과 현실의 중첩이 인터페이스
디자인의 원리가 된다. 디지털 테크놀로지는 사라진 문화'의' 놀이
요소를 기술적으로 부활시켰다. 과거에 인간과 기계의 만남이 진지한
노동이었다면, 오늘날 그것은 오락성을 띠게 된다. 여기서 미적
자본주의는 다시 '유희자본주의ludo-capitalism'로 진화한다.

앞에서 '자본주의'라는 말 앞에 붙은 세 종류의 접두사들(semio-,
aestho-, ludo-)이 물론 우리의 현실 위로 새로이 귀환한 매직 서클을
가리킨다.

유희로서 노동

17세기 이후 서구 사회에서는 삶의 모든 영역에서 유희가 사라졌다.
노동이 놀이의 성격을 잃은 것도 그 과정에서였다. 고전적 자본주의
하에서 노동과 유희는 시간적, 공간적으로 분리된다. 마르크스Karl
Marx에 따르면, 자본주의적 노동은 '소외된' 노동이다. 즉 그의 노동은
임금을 지불하는 자본가에게 속한다. 노동이 유희의 성격을 잃은 것은,
자본가들이 자신들이 산 노동 시간이 불필요한 요소(놀이)로 채워지는
것을 바라지 않았기 때문이다. 반면 노동자들 자신의 삶은 공장
문을 나서는 순간에 시작된다. 그래서 작업 종료를 알리는 종소리에
그들은 마치 벼락을 맞은 듯 연장을 놓고 퇴근하려 한다. 이 소외를
극복하려면, (혁명으로) 소유의 사적 성격과 생산의 사회적 성격의
모순을 해결해야 한다. 노동자 계급이 생산수단을 소유한 곳에서
노동은 강요된 활동이 아니라 자발적 활동이 되기 때문이다.

마르크스에 따르면 노동이 강요된 것이 아니라 자발적 활동일 때
생산력은 비약적으로 발전하고, 이 해방된 생산력을 토대로 인간은
더 이상 물질적 필요라는 목적 때문이 아니라, 진정으로 자유롭게
창조하게 된다. 노동을 유희화하려는 시도가 공산주의 사회에서
먼저 이루어졌다는 것은 역사적 우연이 아니다. 구소련을 비롯해
현실사회주의 국가에서는 노동자들의 생산의욕을 고취시키기 위해

조별·개인별 경쟁을 시켜 우승자에게 노력훈장을 수여하곤 했다. 이
'노력영웅' 게임은 비非자본주의적 보상 체계로 고안된 공산주의적
게이미피케이션gamification의 예로, 소유욕을 부정하는 공산주의
이념에 따라 노동자들의 노동에 물질 대신 재미와 명예로 보상하는
방식이라 할 수 있다.[1] 물론 이는 동원된 노동일 뿐, 물질적 필요에서
자유로운 창조와는 거리가 멀다.

자본주의에서 노동의 게이미피케이션이 늦어진 것은 더 강한
인센티브를 갖고 있었기 때문이다. '경제인'으로서 자본주의적
인간은 재미나 명예가 아니라 물질적 이해관계에 따라 움직이기에,
자본주의는 굳이 또 다른 유인을 사용할 필요성을 느끼지 못했던
것이다. 하지만 지금은 상황이 다르다. 고전적 자본주의가
강하게 기호성·미학성·유희성을 띠면서 그 안에 사는 인간들의
욕망 구조 자체가 변한 것이다. 1990년대 이후 임금이 더 이상
경제활동의 유일한 유인이 되지 못하는 상황이 벌어진다(즉,
높은 임금을 포기하고서라도 제 적성을 찾는 사람들이 늘어난다).
그러자 이른바 '펀설턴트funsultant'들이 우후죽순처럼 등장하여
'퍼니피케이션funification'을 주창하게 된다. 자본주의 자체가
자신을 작동시키기 위해 물질이라는 외적extrinsic 동기를 재미라는
내적intrinsic 동기로 바꾸어놓지 않을 수 없게 된 것이다.

노동으로서 유희

게이미피케이션은 노동과 유희라는 성격이 다른 두 활동을 하나로
결합하여 힘겨운 노동을 즐거운 유희로 수행하게 만들어준다. 그것이
바로 게이미피케이션이 존재하는 이유다. 하지만 동시에 바로 그것이
게이미피케이션에 따르는 문제들이 발생하는 원천이기도 하다.
게이미피케이션에 대한 비판은 노동과 유희라는 성격이 다른 두
활동을 하나로 섞어놓을 때 논리적으로 발생할 수밖에 없는 두 가지

---

1   Mark J. Nelson, "Soviet and American Precursors to the Gamification of Work,"
     Proceedings of the 16th International Academic MindTrek Conference, October 3~5,
     2012, pp. 23~26.

문제를 겨냥한다. 첫째, 외적 목적을 추구하려다 목적 없는 자유로운 활동이어야 할 놀이 자체를 망칠 수 있다는 것, 둘째, 진지하게 수행해야 할 활동을 유희화함으로써 현실 자체를 왜곡할 수 있다는 것이다. 한마디로, 놀이와 일을 결합하려다 괜히 놀이도 망치고 일도 망칠 수 있다는 것이다. 게이미피케이션 속에서 노동은 유희를 닮아간다. 하지만 노동의 유희화라는 이 긍정적 가능성 속에는 거꾸로 유희의 노동화라는 부정적 가능성도 들어 있다.

닉 이는 비디오 게임이 유희를 노동으로 만든다고 주장한다. "비디오 게임은 본질적으로 우리로 하여금 더 훌륭한 노동자가 되게 훈련시키는 작업 플랫폼이며, 비디오 게임에서 수행되는 노동은 점점 더 기업체에서 하는 노동을 닮아가고 있다."[2] 필자도 비슷한 지적을 한 바 있다. "농경사회에서 산업사회로 넘어갈 때에 신체의 개조가 군대식 훈육을 통해 이루어졌다면, 산업사회에서 정보사회로 넘어갈 때 신체의 개조는 놀이의 형태로 이루어진다. 게임에 몰두하는 젊은 세대는 자신도 의식하지 못하는 새 디지털 블루칼라로 제 신체를 변형시키고 있는 것이다."[3] MMORPG의 역설은, 퇴근 후 도피할 세계라고 하면서도 실제로는 우리로 하여금 녹초가 되도록 다시 일을 하게 만든다는 데 있다. 실제로 많은 플레이어들이 게임을 의무, 지루함, 또 다른 직업으로 여긴다. 그들은 종종 피곤한데도 게임을 멈출 수 없다고 호소한다.

노동이 된 유희의 극단적 예가 바로 게임회사에 고용되어 직업적으로 게임을 하는 플레이어들이다. 줄리언 디벨Julian Dibbell은 이 '소외된 놀이'를 하는 이들을 표본으로 삼아 사유실험을 했다. 그들이 퇴근 후 무엇을 하는지 알아본 것이다. 만약 그들이 자신이 하는 게임을 노동으로 생각한다면, 퇴근 후에는 그것을 회피하리라는 가설이었다. 하지만 흥미롭게도 상당수의 플레이어들이 퇴근 후 다시 PC방으로 달려가 근무시간에 하던 게임을 계속했다. 적어도 그들은 진정으로 놀았다는 얘기다. 일과 놀이의 결합이 놀이를 망치지 못하듯이 일을

2   Nick Yee, "The Labor of Fun: How Video Games Blur the Boundaries of Work and Play," *Games and Culture*, vol. 1, no. 1, 2006, pp. 68~71.

3   진중권, 「개인방송의 현상학」, 『문화과학』 55호, 2008년 가을.

노동이 된 유희, 사진: 성신여대 세븐 PC방

망치는 것도 아니다. 디벨은 중국의 PC방에서 '유희로서 노동'을 보고 '놀이는 생산적일 수 있다'라는 결론으로 날아간다. "디지털 환경은 놀이를 생산성으로 연결시키는 데에 특히 효율적"이라는 것이다.[4] 물론 그에게 깊은 인상을 준 그 현상은 그저 퇴근 후에도 일을 놓지 못하는 일중독 증세일 수도 있지만 말이다.

게이미피케이션에 대한 가장 강력한 비판의 논리는 공교롭게도 놀이 이론의 두 거장에게서 흘러나온다. 널리 알려진 것처럼 하위징아는 『호모 루덴스』에서 놀이를 생활과 분명히 구별한 바 있다. 그에 따르면 놀이는 일상이 아니며, 일상과 구별된 별도의 시공간 속에 고유의 질서를 가지고 존재하는 자율적 행위로, 일체의 물질적 이해관계와

4　　Julian Dibbell, "The Chinese Game Room: Play, Productivity, and Computing at Their Limits," *Artifact*, vol. 2, no. 2, 2008, pp. 82~87.

연결되어 있지 않다. 다시 말해 놀이를 통해 물질적 이익이 얻어지지 않는다. 카유아Roser Caillois 역시 하위징아를 따라 놀이를 비생산적 활동으로 규정한다. 놀이는 "순수한 낭비의 계기"라는 것이다. 물론 하위징아는 놀이 요소의 사라짐을 아쉬워하며 놀이 요소의 부활을 주장하지만, 그렇다고 놀이가 자신의 고유한 성격을 잃고 일상생활이 되어버리는 것을 원했던 것은 아니다. 놀이를 이용하여 물질적 이익을 추구하는 게이미피케이션이 하위징아의 눈에는 아마도 놀이 정신의 명백한 위반으로 보일 것이다.

이렇게 놀이를 비생산적 활동으로 본 하위징아와 카유아에 반대하여 피어스Celia Pearce는 "놀이나 게임이 본질적으로 비생산적인 것은 아니"라고 주장한다. 놀이와 게임도 자기만의 생산적 성격을 갖고 있으며, 그 자체가 일종의 문화적 생산이자 동시에 "민중예술의 한 형태"라는 것이다. 이로써 그는 하위징아가 놀이의 생명으로 여기는 그것, 즉 놀이와 일상을 구분 짓는 '매직 서클'의 존재를 부정한다. 하위징아가 살던 고전적 자본주의 사회와 우리가 사는 유희자본주의 사회는 성격이 다르다. 여기서는 "놀이와 생산, 여가와 노동, 미디어 소비와 미디어 생산 사이의 경계가 흐려지고 있으며, 그 과정에서 신성한 '매직 서클'도 흐려지고 있다." 그 결과 현실 자체가 점점 더 '파타피지컬'한 성격을 띠게 된다. "오늘날 놀이자/생산자는 시뮬레이션을 해보는 수준을 넘어, 그것들을 실세계로 투사해 현실이 가상의 놀이터가 되게 만들고 있다."[5]

테라노바Tiziana Terranova에 따르면, "문화의 지적 소비가 생산적 활동으로 번역되어 즐겁게 수용되면서 동시에 때로는 뻔뻔하게 착취될 때" 유희는 '공짜 노동 free labor'이 된다. 이 "공짜 노동이 후기자본주의 문화경제에 구조적이다." 즉 오늘날 디지털 관련 산업들은 사실상 미디어 소비자/생산자들('프로슈머 prosumer')이 놀이를 통해 생산하여 공짜로 제공하는 다양한 콘텐츠를 받아먹으며

---

5   Celia Pearce, "Productive Play: Game Culture From the Bottom Up," *Games and Culture*, vol. 1, no. 1, January 2006, pp. 17~24.

REALITY
Worst game ever.

게임은 현실이 된다.

살아가고 있다는 것이다.[6] 퀴클리히 Julian Kücklich는 이렇게 노동이
된 유희를 아예 '유희노동 playbour'이라 부른다. 게이머들이 그저
취미로 즐기는 모딩 modding이 실제로 경제적 가치를 창출하고 있기
때문이다. 모딩의 서브컬처는 예를 들어 새 브랜드를 창출하고, 제품
생명을 연장하고, 고객의 충성도를 높이며, 연구·조사·개발비를
아끼고, 인재 풀이 되어주는 식으로 기업에 막대한 수익을 안겨주고
있다. 따라서 이 역시 일종의 노동으로 볼 수 있다는 것이다.[7]

과거에 공상적 사회주의자들은 공산주의 사회에서는 노동이 유희가
될 것이라고 주장한 바 있다. 오늘날 그들의 꿈은 공산주의적 방식이

6   Tiziana Terranova, "Free Labor: Producing Culture for the Digital Economy," *Social Text*,
     63, vol. 18, no. 2, Summer 2000, pp. 33~58.
7   Julian Kücklich, "Precarious Playbour: Modders and the Digital Games Industry," *The
     Fibreculture Journal*, 5, 2005.

아니라, 자본주의적 방식으로 실현되고 있다. 여기서 한 가지 물음이
떠오른다. 후기자본주의 사회의 노동은 정말로 유희처럼 자유로운
노동인가? 아니면 자본주의적 조건하에서 이루어지는 한 그 역시
여전히 소외된 노동인가?

자동화와 자유 시간에 관하여

산 노동과 죽은 노동의 변증법

"기계에 관한 단상"에서, 마르크스는 그가 고정자본이라 부른
자동화 기술에 대한 투자를 통해 자본주의가 필요노동 시간은
줄이고 잉여노동과 잉여가치를 늘릴 수 있게 되었다고 주장했다.[1]
이어 잉여노동을 지양하여 자유 시간으로 나아갈 가능성에 관해
이야기하는데, 마르크스는 이를 "유휴 시간 idle time이자 고차원의
활동을 위한 시간"이라고 이해했다. 자본주의적 생산양식에 상응하는
노동 유형이 사라진 이러한 추론은 새로운 기술의 발전으로 단언된다.
마르크스는 자유 시간이라는 개념 안에서 공산주의적 주체 해방을
그린다. 자유 시간을 통해 "그 소유자가 다른 주체로 변모하면, 그 다른

---

1   유동자본과 고정자본의 구별은 프랑스의 중농주의자 프랑수아 케네François
     Quesnay로까지 거슬러 가며, 애덤 스미스Adam Smith와 데이비드 리카도David
     Ricardo도 이를 채택했다. 마르크스는 『자본론 2』(2부 10장 및 11장)에서 스미스와
     리카도가 고정자본과 유동자본 개념을 불변자본과 가변자본으로 혼동한다고 비판했다.
     『자본론 1』(3부 8장)에서 마르크스는 불변자본과 가변자본 개념을 가지고 생산수단과
     노동력의 측면에서 잉여가치 생산을 분석한다. 고정자본과 유동자본은 회전 시간,
     즉 자본의 1회의 완전 순환 또는 반복 순환 운동에 걸리는 시간과 관련해 구분되는
     개념이다. 고정자본은 생산 과정에서 가치가 완전히 소진되지 않는 자동화 기계와 같은
     내구 투자이며, 유동자본은 노동과 임금의 재료로 정의된다. 이 두 가지를 혼동하면서
     리카도의 분석에 약점이 발생한다. "노동의 재료(원료 및 보조 재료)에 투입된
     자본가치는 어느 쪽에서도 나타나지 않고 아예 사라진다. 그것은 고정자본 편에는
     맞지 않는데, 그 유통 방식이 노동력에 투입된 자본가치와 완전히 일치하기 때문이다.
     그렇다고 유동자본 쪽에 놓아서도 안 될 일이다. 그 경우 애덤 스미스로부터 이어져
     암묵적으로 유지되어온, 고정자본과 유동자본의 구분과 불변자본과 가변자본의 구분의
     동일시가 무효화되기 때문이다"(『자본론 2』, 11장 6절). 좀더 상세한 분석은 다음을
     참고하라. Ferdinando Meacci, "Different Divisions of Capital in Smith, Ricardo, and
     Marx," *Atlantic Economic Journal*, vol. 17, no. 4, December 1989, pp. 13~21.

주체로서 직접적인 생산 과정에 진입하기" 때문이다.[2] 이러한 생각은
마르크스와 엥겔스의 『독일 이데올로기』에 등장하는 유명한 구절을
상기시킨다. 공산주의 사회에서는 "마음먹은 대로 오늘은 이 일을 내일은
다른 일을 하는 것이 가능하다. 즉 사냥꾼이나 어부, 목동, 비평가가
되지 않고서도, 아침에는 사냥하고 오후에는 낚시하며 저녁에는 소를
몰고 저녁 식사 후 비평을 할 수 있다."[3] 그러나 그러한 유토피아적
이미지를 염두에 두되, 마르크스 본인이 강조한 대로 '자유 시간'을 샤를
푸리에 Charles Fourier가 말하는 의미에서의 '놀이'와 혼동해서는 안
된다.[4] 그보다 자유 시간은 생산적인 것으로, 사회와 과학의 진보 일반에
기여하는 동시에 개인의 관심과 욕구를 발전시키는 무엇으로 이해되어야
한다. 자유 시간을 향한 의지는 끊임없는 가치 증식, 즉 소외에 맞서는
조직화를 요한다. 『정치경제학 비판 요강』이 나온 지 160년이 흘렀지만,
어떻게 잉여노동을 효과적으로 지양하고 필요노동 시간을 단축할지를
묻는 마르크스의 질문은 완전한 답을 얻지 못했다. 하지만 최근에 나온
세 가지 주요한 응답이 있으니, 요약하면 다음과 같다.

1) 여러 사회주의 집단 프로젝트에서와 같이, 생산수단을 점유한다.
2) 토니 네그리 Tony Negri, 파올로 비르노 Paolo Virno와 같은
사상가들의 설명대로, 잉여노동을 저항의 형식으로, 일반지성을
다중 multitude으로 전화한다.
3) 상황주의와 최근의 가속주의에서와 같이, 전 자동화와 기본소득
시행, '노동 단축'의 윤리를 가속화한다.

탈노동 조건의 상상과 실현에 관한 각각의 제안이 지닌 강점과
약점—공정하게 말해, 각 제안이 지닌 미묘한 정치적 차이를
보여주는 캐리커처—은 기계가 효용물이자 경제학적 범주라는,
다시 말해 기계가 **고정자본**에 속한다는 마르크스의 생각에 바탕을

2   Karl Marx, *Grundrisse*, London: Penguin, 1993, p. 712.
3   Karl Marx & Friedrich Engels, *The German Ideology*, Part One, New York: International Publishers, 2004, p. 53.
4   푸리에는 팔랑스테르 phalanstère, 즉 400가구를 수용할 수 있는 일종의 조합식 공동 주거시설에 기반을 둔 사회정치 시스템을 고안하며 '놀이'의 개념을 정교화했다.

둔다. 하지만 고정자본이란 언제나 이중적이어서, 자본가에게는
자본이고 노동자에게는 도구다. 자본으로서는 잉여가치 추출을 위한
순환으로 작동하지만, 도구로서는 노동자와의 사이에, 또 노동자들
간에 직접적인 심신 관계를 구축한다. 탈노동 조건 개념의 핵심을 잘
이해하려면, 마르크스주의의 도그마를 따르거나 후기자본주의의
자극에 넘어가는 대신 자유 시간에 관한 질문을 다시 한 번
들여다보아야 한다. 달리 말해, 전 자동화가 자본주의를 무효화하여
변증법적으로 탈자본주의 사회를 불러올 것인가의 문제가 아니다.
그런 식으로 탈노동에 대한 질문을 제기한다면, 산업화의 사회적
역사를 고려하지 못하고, 마르크스의 고정자본처럼 자동화 공장
안에서만 일어나는 것으로 간주하게 될 것이다. 그보다는 근 60년 전에
질베르 시몽동이 이미 보여준 대로, 어떻게 현대 자본주의의 발전이
소외에 관한 마르크스의 원래 분석을 쟁점화하는지를 분석하고,
나아갈 길을 새롭게 모색해야 한다.

고정자본의 이동

고정자본은 공장을 떠나 스마트폰과 가정, 도시로 옮겨 들어왔다.
스마트화라는 이름으로 이뤄진 고정자본의 환경화는 알고리즘에 의한
통치성governmentality이라는 특징을 지닌다. 이 통치성은 수량화와
데이터 분석, 예측 알고리즘을 통해 개체초월적transindividual
관계들을 조정하고 그 가치를 증식시키면서, 계속해서 새로운 진리
체계를 수립하고 제도화한다.[5] 시간이 남아도는 듯 페이스북 같은
곳에서 '노는' 이들은 이른바 자유 시간을 즐긴다기보다, 시간과
경험이 데이터로 외화되어 이내 그 사용자가 소비를 하도록 더 깊이
유혹하기 위해 분석되는 끊임없는 가치 증식 과정에 들어가 있는
것이다. 혹자는 피드백이라는 이러한 사회 조건이야말로, 더불어

---

5   Yuk Hui, "Modulation after Control," *New Formations*, no. 84/85, Special Issue on Societies
      of Control, Winter 2014/Summer 2015, pp. 74~91; Erich Hörl, "A Thousand Ecologies:
      The Process of Cyberneticization and General Ecology," Diedrich Diederichsen &
      Anselm Franke(eds.), *The Whole Earth: California and the Disappearance of the Outside*,
      Jeffrey Kirkwood, James Burton & Maria Vlotides(trans.), Berlin: Sternberg Press, 2013,
      pp. 121~30 참조.

마르크스가 말한 잉여노동과 필요노동 시간의 변증법적 극복이
미완이라는 사실이야말로, 탈포드주의 사회의 가장 근본적인 특징이라
주장할지 모른다. 고정자본이라는 개념에 의문을 제기함으로써, 우리는
'작업기계'에서부터 증기기관, 그리고 현재의 사이버네틱스cybernetics
기계까지, 기술의 진화에 따라 노동과 노동자라는 범주를 역사적으로
분석해야 한다.[6] 그러한 분석을 통해서만 마르크스가 "기계에 관한
단상"에서 제언했던 일견 막다른 듯한 변증법을 재조명할 수 있을 뿐
아니라 디지털 시대의 소외 원인을 찾아낼 수 있다.

마르크스는 일반적인 사회 지식이 어느 정도까지 직접적인 생산력이
될 수 있는가를 고정자본의 발달이 결정할 것이라고 지적한 바 있다.[7]
그러나 기계가 역사적 범주로 간주되기는 하나, 오로지 경제적 범주로만
분석될 뿐이라는 점에 유의해야 한다.[8] 시몽동이 마르크스를 비판하는
지점이 바로 이 부분이다. "이러한 사법적, 경제적 관계 아래로 더
깊고 본질적인 관계가 자리하는바, 인간 개체와 기술적 개체 간의
연속성 혹은 양자 간의 불연속성이다."[9] 시몽동에게 '기술적 개체'란
되풀이하는 인과작용 또는 피드백을 바탕으로 일정한 자율성을 획득한
기술적 대상을 뜻한다.[10] 시몽동의 논의에 따르면, 인간의 사회심리적
필수요소뿐만 아니라 기술적 대상에도 사회심리적 특성이 있는데, 이는

---

6 '작업기계'란 마르크스가 사용한 용어로 도구를 의미한다. "완전히 발전한 기계는 모두
   본질적으로 서로 다른 세 가지 부분, 즉 동력기계, 동력전달기계, 마지막으로 도구 또는
   작업기계로 이루어진다." MEGA II, 9, p. 235(Amy E. Wendling, *Karl Marx on Technology
   and Alienation*, Basingstoke: Palgrave Macmillan, 2009, p. 137에서 재인용).
7 Marx, *Grundrisse*, p. 706. "기계는 인간의 손으로 태어난 인간 두뇌의 기관이자, 지식의
   힘이 대상화된 것이다. 고정자본의 발전은 일반적인 사회 지식이 어느 정도까지
   직접적인 생산력이 되었는지를, 또 사회적 생활 과정의 조건이 어느 정도까지 일반지성의
   통제 아래 놓여 있고 또 그에 따라 변형되는가를 가리킨다. 사회적 생산력이 지식의
   형태로뿐만 아니라, 사회적 실천과 현실 생활 과정의 직접적인 기관으로서 어느 정도까지
   생산되었는지를 나타낸다."
8 심지어 마르크스 본인도 이 점을 『철학의 빈곤*The Poverties of Philosophy*』에서 분명하게
   밝혔다. "맷돌은 봉건영주 사회를, 증기방아는 산업자본주의 사회를 가져온다"(Donald
   Mackenzie, "Marx and the Machine," *Technology and Culture*, vol. 25, no. 3, July 1984,
   p. 473에서 재인용).
9 Gilbert Simondon, *Du mode d'existence des objets technique*, Paris: Aubier, 2012, p. 165.
10 시몽동은 더 나아가 기술적 개체를 '연합 환경'을 소유한 존재로 본다. 연합 환경이란
   동요가 일어나도 안정성을 회복할 수 있을 정도로 통합된 외부 환경을 뜻한다.

애니미즘animism이라기보다는 인간과 기계 간의 상호 협력적인 관계에
해당한다. 산업혁명 이전, 장인들은 작업장에서 도구를 가지고 일하며
연합 환경을 만들어낼 수 있었는데, 그들 자신이 기술적 개체의 지위에
있었다는 의미에서 그렇다. 마르크스가 설명했던 노동 조건에서, 장인과
농민 들은 제 일터를 떠나 공장 노동자가 될 수밖에 없었다. 시몽동이
요소의 노동자laborers of elements라 부른 그들은 기계를 기술적 개체로
이해하지 못한다. 도구를 써서 일하는 수공 방식, 즉 도구 길들이기에
익숙하기 때문이다. 과거의 경험에서 발전시켜온 몸짓을 바꾸는 것은
또한 사고방식의 변화를 요구하는데, 이제 노동자를 대신해 기계가
기술적 개체가 되기 때문이다. 장인이 기계를 가지고 일할 때, 그들은
정해진 조작 방식과 기계의 리듬에 따라 반복된 몸짓만을 하는 단순
사용자에 불과하며, 이는 실존적 문제를 야기한다. 그와 동시에, 자본은
인간과 기계 사이의 사회심리적 관계를 무시한 채, 기술적 대상에 대해
생산 효율을 높이고 이익을 증대하는 단순 수단으로 여긴다.

노동은 기술성의 한 가지 상phase일 뿐이며, 그 역은 아니라고 시몽동은
주장한다. 수공업 노동이 도구의 기술성에 의해 좌우된다면, 새로운
산업 기술은 새로운 형태의 노동을 낳는다. 시몽동이 지적한 대로,
수공업 노동에서 산업 노동으로의 이행에서도 기술적 지식의 양극성,
즉 기술을 의식하고 숙고하는 기술자(어른과 같은)와 그 활용에만 신경
쓰는 보통 사람들(아이와 같은) 사이의 분리는 여전했다. 다시 말해,
한편에는 기계의 수리를 맡은 기술자가 있고, 다른 한편에는 보통의
사용자로서의 노동자가 있다. 후자에게는 기계를 돌볼 줄 아는, 제작과
생산의 순간을 넘어 기계의 삶을 연장하고 노동자 자신의 개체화에
도움이 되도록 기계를 활용하는 그런 기술적 지식이 반드시 존재하지는
않는다. 단순화의 위험을 무릅쓰고 말하자면, 여기에서 개체화란
경제적 방편을 넘어 노동자가 자신의 작업으로부터 억압으로서든
고양으로서든, 의식적이든 무의식적이든 승화된 형식으로 이로움을
얻는 능력을 뜻한다.[11] 단순한 노동이 아닌 작업oeuvrer이라는

---

11   승화의 실패는 그 반대인 탈승화, 좀더 정확하게는 비개체화로 이어진다. 이 지점에서
      승화라는 용어에 대한 프로이트Sigmund Freud와 융Carl Gustav Jung, 라캉Jacques
      Lacan의 이해가 달라진다.

의미에서,[12] 노동자가 기계를 작업의 조건으로 삼지 못한다는 사실이
이중의 소외를 불러온다는 것이 시몽동의 관점이다. 그것은 기계**와**
노동자 모두의 소외로, 기계는 노예처럼 다뤄지고 인간은 소외된 노동이
된다. 1960년부터 1961년 사이에 진행한 "기술성의 사회심리학"이라는
이름의 강의에서, 시몽동은 더 나아가 소외가 소비주의로 인해
심화된다고 지적한다. 기술적 대상이 이제는 단순한 소비 상품이
되기 때문이다. 시장에서 미래 주인의 선택을 기다리던 로마 시대의
노예들처럼 말이다.[13]

시몽동은 소외가 마르크스의 경제 분석보다 더 근본적인 층위에서, 즉
생산수단의 소유가 아닌 기술 자체에 관한 오해와 무지에서 유래한다고
본다. 그는 기술적 지식을 노동 및 자본과는 독립적인 것으로, 아니면
적어도 경우에 따라서만 연관되는 인식론적 범주로 이해하며, 소외
문제 해결을 위해 기술적 지식의 발전을 제안한다.[14] 시몽동은 인간과
기계의 관계, 그리고 그 진화에 다시 활력을 불어넣고 또한 그러한
진화를 더욱 광범위한 현실 안에 위치 짓기 위해서는 기술적 대상
내의 도식, 즉 기술적 대상이 조직화된 방식을 이해하는 것이 필수라고
제안한다.[15] 이러한 가설은 시몽동의 박사학위 부논문인 「기술적
대상들의 존재 양식에 관하여」에서 비평의 출발점이 되는데, 기술적
대상의 존재 양식을 진지하게 고려함으로써 철학은 소외 문제 해결에
나서야 한다는 것이다.[16] 비교해 보면, 오늘날 일반 대중은 공장 안의 노동
조건을 우려하기보다(아마도 폭스콘Foxconn 같은 공장 노동자들을
제외하고), 자동기계가 인간을 대체할 것이며 전 자동화가 곧 완전 실업을
가져오리라는 생각에 더욱 근심한다. 하지만 탈노동 조건에 관한 이런
식의 이해가 뜻하는 것이 자동기계가 매일 24시간 돌아가는 기계의
세계와 점점 노동 과정으로부터 떨어져 나가는 인간의 세계가 분리될 수

12　한나 아렌트가 『인간의 조건The Human Condition』에서 '노동'과 '작업'을 구분한 것과 같은
　　의미다.
13　Gilbert Simondon, *Sur la technique*, Paris: PUF, 2013, p. 54.
14　Simondon, *Du mode d'existence des objets technique*, p. 342.
15　나는 여기에서 '기술적 현실'과 대조되는 '우주적 현실'로서 이를 언급한다.
16　박사학위 주논문은 「형태와 정보의 개념에 비춰본 개체화L'individuation à la lumière des
　　notions de forme et d'information」이다.

있다는 의미일까? 아니면 '상부구조'(자본–노동 관계)보다 더 근본적인 '하부구조'(예를 들어 인간–기계 관계)가 존재하며, 그에 관해 더 깊이 질문해야 하는 것일까?

기계의 개체초월성

노동이란 기술성이라는 시원genesis의 상이며(그 역은 아니다) 또한 '기술적 활동'이라는 범주는 노동의 범주를 훨씬 넘어선다는 시몽동의 논의를 따른다면, 우리는 이제 형태를 잡아가는 새로운 노동을 암시하는 기술적 조건으로서 탈노동을 이해해야 한다. 따라서 탈노동의 조건을 이해하고 그 새로운 산업 프로그램에 대응하려면 오늘날의 기술적 지식에 관한 체계적인 연구가 필요하다. 다시 말해, 기술적 지식savoir technique의 형성과 유포에 관한 연구는 탈노동 조건을 향해 나아가는 지금 시몽동의 이중 소외 이론을 갱신하는 작업이 될 것이다. 그러나 여기에서 말하는 기술적 지식과 활동이 공학 원리나 단순한 기계 수리법으로 축소될 수는 없다. 자본주의가 낳은 문제를 처리하기 위해 모두가 엔지니어나 해커가 되어야 한다는 식의 오해는 피해야 한다. 그 대신 산업적인 소비주의의 활용을 넘어 기술을 재전유re-appropriate하는 수단이라는 측면에서 사유해야 한다. 마르크스가 『자본론』에서 방직기를 두고 "이 기계는 [……] 어떤 확정된 조건하에서만 [……] 자본이 된다"라고 언급한 데서 이러한 점이 암시되지만, 더욱 심층적인 해석이 요구된다.[17] 재전유는 재용도화re-purposing와 구분되어야 한다. 페이스북의 용도를 안티페이스북 운동을 개시하도록 바꿀 수는 있지만, 그럼으로써 우리는 페이스북의 존재론적, 인식론적 전제 조건—가령 페이스북이 개인과 사회의 관계를 정의하는 방식—에 여전히 매이게 된다. 달리 어떻게 사회적 관계가 무엇인지, 혹은 무엇이 될 수 있는지를 알 수 있을까? 페이스북은 인터넷 기술의 응용물application이지만, 페이스북은 그 자체로 기술이 아니라, 네트워크 프로토콜과

---

17 Vincent Bontems, "Esclaves et machines, même combat," *Cahiers Simondon*, no. 5, 2013, p. 11에서 재인용.

프로그래밍 언어, API 라이브러리 등으로 이루어진 것이다. 이를
재전유한다는 것은 다른 존재론과 인식론에 바탕을 둔 대안을
창출한다는 뜻이며, 이는 해커 자유론자의 사고 범위를 훨씬 넘어선
것이다.[18]

질베르 시몽동의 작업을 해석하며, 베르나르 스티글레르는 산업화와
소비주의의 배경에 맞서 개체화에 대한 질문을 정치화하자고
제안한다.[19] 그러나 융의 이론에 바탕을 두고 개체화를 독해한
시몽동과는 달리, 스티글레르는 프로이트의 욕망 이론을 활용하여
끊임없는 리비도의 투자로 개체화를 이해하며 그러한 개체화의
발생 조건에 대해 묻는다. 시몽동은 개체화의 원 과정을 설명하기
위해 결정화의 비유를 사용한다. 과포화 상태의 액체는 특정한 원료,
에너지, 정보 조건이 맞으면 고체화되기 시작한다. 스티글레르의
모델에서 소비주의는 리비도를 충동으로 또 투자를 중독으로
대체하여 개체화의 메커니즘을 단락short-circuit시키며, 이는
'비개체화'로 이어진다.[20] 그러므로 리비도의 투자란 결정화로서의
개체화를 발생시키는 동기가 된다. 시몽동이 제시한 심리적 개체화
및 집단적 개체화의 이론에서 기술의 역할은 거의 찾아볼 수
없다. 반면 스티글레르에게는, 개체화의 과정에서 기술의 역할을
고려하는 작업이 필수적이다. 이는 또한 시몽동의 박사 논문 두
편(하나는 개체화individuation를, 다른 하나는 기술적 대상의
개별화individualization를 다룬다)을 잇는 수단이기도 하다. 이러한
논리를 따른다면, 고정자본을 개체화와 관련지어 새로이 이해할
필요가 있으며, 이는 시몽동의 마르크스 비판에 관한 새로운 해석을
열어줄 것이다.

18　　소셜네트워크의 대안 모델에 관한 구체적 사례는 다음을 참고하라. Yuk Hui, "Le concept
　　　de groupe dans les réseaux sociaux – éléments pour une mécanologie de la participation,"
　　　Bernard Stiegler(ed.), La toile que nous voulons, Paris: FYP Éditions, 2017, pp. 167~87;
　　　Yuk Hui & Harry Halpin, "Collective Individuation: The Future of the Social Web," Geert
　　　Lovink(ed.), Unlike Us Reader, Amsterdam: INC, 2013, pp. 103~16.

19　　Bernard Stiegler, For a New Critique of Political Economy, London: Polity, 2009 참조.

20　　시몽동에게 '비개체화'라는 용어는 부정적 의미를 전달하지 않는다. 개체화 과정에
　　　필요한 단계로서의 탈구축화를 가리킬 뿐이다.

이와 같이 고정자본에 관한 이해는 실체적 존재를 넘어 특정한 작동
도식에 따라 조직된 개체초월적 관계의 집합으로 확장될 수 있다. 이러한
제안이 뜻하는 바는 질료형상적hylomorphic 사유, 즉 형상을 질료보다
혹은 이데올로기를 권력보다 우선하는 경향을 거부하고, 개체화를
기계를 통해 또 기계와 함께 일어나는 과정으로 이해해야 한다는
것이다. 에티엔 발리바르Etienne Balibar는 시몽동의 '개체초월적'이라는
용어를『마르크스의 철학』에 도입하며, 인간은 자기 자신에게만 국한된
단자monad가 아니라 관계의 총화ensemble라고 설명한다.[21] 하지만
시몽동이 바라보는 개체초월적 관계란 발리바르의 간단한 논의보다
훨씬 풍부해서, 개체초월적 관계가 바로 심리적, 사회적 존재의 개체화를
위한 조건이라고 본다. 심리적 존재는 언제나 이미 개체초월적이어서,
심리적 존재와 집단적 존재를 서로 다른 두 개체로 나누기란 불가능한데,
이는 순수 심리학 또는 순수 사회학이 종종 저지르는 실수다. 시몽동은
니체Friedrich Nietzsche의 차라투스트라를 예로 들어 심지어 고독
속에서도 개체초월성이 일어날 수 있음을 보여준다. 차라투스트라가
군중이 내버려둔 줄타기 광대의 시체를 묻어주기 위해 홀로 어깨에
짊어질 때 '개체초월성의 시험épreuve'이 시작된다고 시몽동은 말한다.[22]

개체초월적 관계에 대한 시몽동의 개념은 심리적 존재에 한정되지
않고 기술적 대상으로까지 확장된다. 그가 서술한 대로, "그 본질에
따라 이해되는 기술적 대상은, 다시 말해 인간 주체가 발명하고
사유하고 원하며 역할을 부여하는 한에서만 기술적 대상은 우리가
개체초월적이라 부르려 하는 관계의 버팀목이자 상징이 된다."[23]
그리하여 시몽동은 기술적 대상에 개체화 과정을 촉진하는 역할을
부여한다. "기술적 대상의 매개에 의해 인간 사이의 관계가 생성된다.
그것이 개체초월성의 모형이다."[24]

---

21   Etienne Balibar, *The Philosophy of Marx*, London: Verso, 2007, p. 32. "사실상 우리는 인간을
      개체초월적 현실로, 그리고 궁극적으로 그 자체로 개체초월성으로 사유해야 한다."

22   Gilbert Simondon, *L'individuation à la lumière des notions de forme et d'information*,
      Grenoble: Millon, 1995, p. 273.

23   Simondon, *Du mode d'existence des objets technique*, p. 335.

24   같은 책, pp. 335~36.

기술적 대상과의 관계는 극히 드문 경우를 제외하면 개체별로는
적합해질 수 없다. [그 관계는] 우리가 개체초월적이라고 부르려 하는,
집단적인 개체 간의 실재를 존재하도록 만드는 한에서만 확립될 수 있을
뿐이다. 왜냐하면 그러한 실재가 다수의 주체가 지닌 발명의 역량과
조직화의 능력을 짝짓기 때문이다.[25]

개체초월적 관계와 관련한 시몽동의 설명을 따른다면, 심리적
개체화와 집단적 개체화에서 기계가 맡은 역할에 관한 새로운 연구의
문이 열린다. 이는 또한 전형적인 마르크스주의적 기계 분석을
넘어서는 제안으로, 고정자본이자 효용을 넘어 기계를 재개념화하는
작업이다. 개체초월적 관계는 기술적 대상 안에 내포되어 있으며,
그 작동 및 조직화의 도식에 따라 조정된다. 그러므로 기술적 대상의
진화는 새로운 형태의 개체초월적 관계와 새로운 역학으로 무대를
재구성하여 개체화의 극장을 계속해서 변화시킨다. 피드백과 정보의
개념을 가지고 사이버네틱스는 새로운 인지 도식을 도입했고, 그
결과로서 인간-기계 관계와 사회성 전반의 새로운 조직화를 가져왔다.
시몽동은 '요소'에서 '개체'와 '총화'로 이어지는 기술적 계통에 관해
특정 역사적 시대와 관련지어 해석한다. 기술적 요소는 인류 삶의
무한한 진보와 끊임없는 개선을 염원했던 18세기의 낙관주의를
나타내며, 19세기에 공장의 자동화 기계로서 등장한 기술적 개체는
인간 존재를 생산의 중심에서 추방했다는 것이다. 또한 시몽동은 정보
기계와 사이버네틱스가 출현한 20세기의 기술적 총화를 개체초월적
관계를 조직화하는 새롭고 역사적인 미완의 기획으로 간주한다.
기술적 총화에 관한 시몽동의 논의는 그가 타계한 1989년 이후에야
발전하기 시작한 네트워크 문화와 관련해 비평적으로 평가되어야
하지만, 경제적 범주(가령 고정자본)를 넘어 기계를 이해해야 한다는
그의 주장은 여전히 소중하며 어쩌면 지금이야말로 그 어느 때보다
절실하다.[26]

25　같은 책, p. 342.
26　필자의 책 『디지털적 대상의 존재에 관하여 *On the Existence of Digital Objects*』(University
　　of Minnesota Press, 2016)의 출발점이다.

'일반지성으로서의 구글'

소셜미디어, 사물인터넷을 비롯하여 다양한 형태의 네트워크로 뒷받침되는 온갖 종류의 스마트화가 도래하면서, 우리는 새로운 형태의 개체초월적 관계의 조직화가 탄생하고 구현되는 과정을 목격하고 있다. 탈노동의 조건은 노동의 종말이 아니라 그 안에서 노동이라는 개념, 기술적 지식, 개체초월적 관계가 재사유되고 재평가되어야 하는 새로운 기술적 조건에 해당한다. 오늘날 직면한 거대한 문제들에 대한 해법의 제시와는 상당히 거리가 있지만, 탈노동이란 단순히 자원의 재분배(가령 기본소득)—한때 생시몽 Saint-Simon주의자들이 사회주의의 실현 수단이라 주장했던—에 관한 문제가 아니라,[27] 기술과 노동의 역사적 맥락의 관계로서 이해되어야만 한다. 그런 후에야 이러한 기술적 조건으로 야기된 가치 증식과 소외의 새로운 형식을 극복할 수 있을 것이다.

오늘날 마주한 문제들을 이해하려면, 소셜미디어와 같은 인지적 가치 증식의 기술 발전에 내포된 개체초월적 관계들을 분석하고, 경제학 또는 인문학적 비평을 넘어 개체화에 근거한 비평으로 나아갈 필요가 있다. 하지만 그러한 비평을 노동, 지식, 사회적 관계 같은 범주의 역사적이며 유물론적인 분석에 따라 전개하는 것이 중요하다. 따라서 생산의 탈노동 양식을 설명하기 위해 '비물질적' 같은 단어를 사용할 때도 유의해야 한다. 이탈리아의 이론가 파올로 비르노는 『다중의 문법 *A Grammar of the Multitude*』에서 일반지성을 착취의 '비물질적' 양식으로 이해하자고 그럴듯하게 제안한다. 비르노에 따르면, 만일 돈이 '실제적 추상'으로 여겨진다면, 그것은 돈의 물질적 존재가 '보편적 등가equivalent'로 실현되기 때문이다. 반면 일반지성—언어나 소통, 자기성찰 같은 인지 활동으로 구성된—은 그와 같은 실제적 추상의 과정을 거칠 필요가 없다. 마르크스가 『정치경제학 비판 요강』에서 기술한 대로, 자본주의적 생산양식에서는 노동자가 자연과 기계의 매개였지만, 오늘날의

---

27   Pierre Musso, "Aux origines du concept moderne: corps et réseau dans la philosophie de Saint-Simon," *Quaderni*, no. 3, Winter 1987/88, pp. 11~29 참조.

생산양식에서 일반지성은 매개 없이 직접 포섭된다는 점을 비르노는
성공적으로 밝혔다. "마르크스는 일반지성이라는 용어로 특정한
실체(가령 동전)가 더 이상 사유할 가치와 정당성을 지니지 않는 단계를
가리키지만, 실제로 그처럼 즉시 중요한 사실의 가치를 획득하는 것은
바로 우리의 사유다."[28]

비르노에게 일반지성은 '공통적인 common' 것으로 이해될 수 있지만,
더불어 시몽동의 '전개체적 pre-individual' 실재, 더 정확하게는
아낙시만드로스 Anaximandros 가 말한 아페이론 apeiron 으로도
이해될 수 있다. 스티글레르와 제이슨 리드 Jason Read 가 모두 강조했듯,
전개체적인 것을 단순한 자연과 혼동해서는 안 되며, 문화와 역사의
일부이자 산물로서 이해해야 한다. 이를 비물질적이라거나 '단순한
자연'으로의 회귀라고 표현한다면 현재의 혹은 다가올 탈노동의 조건을
이해하는 데 중요한 단계를 놓칠 위험이 있다.[29] 만일 일반지성의 착취가
가능해진다면, 이는 오직 데이터의 수집과 분석, 해석 역량을 갖춘 기계가
환경화되면서 개체를 기술적 시스템 안으로 통합시키는 피드백 루프가
만들어지기 때문이다. 그러므로 우리는 마르크스가 일반지성을 나타내기
위해 처음 썼던 독일어 단어, 알게마이너 페르슈탄트 allgemeiner
Verstand가 지닌 이중의 의미를 이해할 수 있다. 한편으로 그것은
이해 Verstand로, 인지와 인식을 담당하는 분석 능력이다.[30] 또 한편으로
그것은 자신을 사회 전체에 강요하는 일반화된 혹은 초월적인 도식이다.
구글에 의해 기계라는 범주가 동시대를 이해하는 데 불가분하게 된
것처럼 말이다.[31] 말하자면, 비물질이 새로운 물질이다.[32]

---

28   Paolo Virno, *A Grammar of the Multitude*, Cambridge: MIT Press, 2004, p. 64.

29   「형태와 정보 개념에 비춰본 개체화」에서, 시몽동은 "우리는 이러한 전개체적 현실을
      자연이라 부를 수 있다"고 제안한다. Jason Read, *The Politics of Transindividuality*, Leiden:
      Brill, 2015, p. 116.

30   이 점은 칸트의 분석을 증명하며, 종합적 이성Vernunft과는 대조된다. 자동화와 분석 능력의
      관계에 관한 상세한 논의는 Bernard Stiegler, *La société automatique*, Paris: Fayard, 2015, p.
      56 참조.

31   구글을 일반지성으로 간주해야 한다고 제안한 최근의 신문 기사도 흥미롭다. 다음을
      참고하라. Timo Daum, "Arbeiter, Automaten, Algorithmen. Google als General Intellect:
      Karl Marx und die 'innere Schranke' des Kapitals," *Neues Deutschland*, April 29, 2017
      (https://www.neues-deutschland.de/artikel/1049826.arbeiter-automaten-algorithmen.html).

32   이는 또한 장-프랑수아 리오타르Jean-François Lyotard의 주제이기도 하다. 그는 1985년

비르노는 심리적 개체화와 집단적 개체화를 "숨어 있는 또는 이차적으로 간주되는 **다중의 집단**"의 두 단계로 한층 더 분리하는 듯하다.[33] 그러나 앞서 살펴본 것처럼, 시몽동의 개체화 이론에서 심리적인 것과 집단적인 것 간의 구분은 존재하지 않으며, 실제로도 불가분하다. 양자를 구분하며 비르노는 개체적인 것과 다중적인 것 사이의 대조를 밀고 나가지만, 개체 및 집단의 개체화의 역학이 어떻게 기술적 대상에 의해 매개되는지 설명하는 데 실패한다. 비르노가 "일반지성(혹은 주요 생산력으로서의 지식)을 고정자본과 완전히 동일시하여, 동일한 일반지성이 그와 반대로 살아 있는 노동으로서 발현되는 경우를 간과한다"고 마르크스를 비판하는 데서 그의 방향을 이해할 수 있을 것이다. 하지만 그의 다중 정치학을 착취된 일반지성에서 발견할 수 있다면, 저항의 잠재성은 단순히 '산 노동living labor'이나 '주체성subjectivity' 이론에만 의지하지 않고, 오히려 기술적 대상을 역사적으로 재맥락화하고 이를 심리적 개체화와 집단적 개체화 과정의 이해 안에 재배치하는 작업을 요구한다.

간략하게 정리하면, 만일 우리가 탈포드주의적 자본주의의 생명정치biopolitics에 있어 노동과 자유 시간 간에 융합이 있다고 가정할 때, 기계에 관한 질문을 피하기란 불가능하다. 플랫폼의 작동 및 구성 도식이 오늘날의 개체초월적 관계들을 주로 결정하기 때문이다. 탈노동의 조건은 그저 변증법의 관점에서 이해되어야 하는 것이 아니라, 노동의 새로운 형태에 기반이 되는 기술적 지식과 기술적 활동에 관한 면밀한 탐구에서 비롯되어야 한다. 저항이 더 이상 필요 없다거나 앞으로 불필요해지기 때문이 아니다. 기계를 통해 물질화하는 만큼 개체초월적 관계의 변형으로서 저항을 다르게 이해하기 위해서다. 본래 시몽동이 이 용어를 쓸 때 의도한 바에서 벗어날지도 모르지만, 이를 '기술적 지식'의 긴급성이라 정식화할 수 있다. 『수학 파괴의 무기: 빅데이터는 어떻게 불평등을 증가시키고

자신의 전시에 '비물질Les Immatériaux'이라는 이름을 붙였다.

33   Virno, *A Grammar of the Multitude*, p. 79.

민주주의를 위협하는가*Weapons of Math Destruction: How Big Data Increases Inequality and Threatens Democracy*』를 쓴 데이터 과학자 캐시 오닐은 최근에 철학, 인문학, 사회과학 같은 학문이 '상아탑'을 벗어나 알고리즘에 개입해야 한다고 촉구했다.[34] 비록 오닐이 매체 연구, 과학 및 기술 연구, 디지털 인문학, 기술철학 등의 학문이 지난 수십 년간 그러한 질문에 전념해왔음을 잘 모른 채 외면하기는 했어도 시몽동의 분석이 나오고 놀라운 기술 발전이 이뤄진 지난 60년간, 전문가와 일반 사용자 사이의 양극성은 더욱 확대된 반면, 기술적 지식은 더욱 '순수한' 다른 지식의 형식과 상반되는 것으로 취급되고 있다는 그녀의 지적은 옳다. 우리에게는 기술적 지식의 생성에 관한 새로운 개념화와 정치학이 필요하다. '기술적 지식'이 더 이상 공학이나 다른 고도의 전문기술에 관한 지식(비록 그 중요성을 무시할 수는 없지만)이 아니라는 점은 분명하다. 기술적 지식은 불안정한 인식론적 경계선을 넘어서야 하며, 공학과 인문학, 효율과 성찰, 실증주의와 해석학, 더 나아가 죽은 노동과 산 노동 간의 철 지난 대립을 넘어 다시금 사유되어야 한다.[35] 그 연후에야 우리는 마르크스가 처음 '자유 시간'이라 부른 그 무엇을 더 깊이 설명할 수 있을 것이다.[36]

이 글의 초고에 의견을 제공해준 악셀 안데르손Axel Andersson과 닉 악셀Nick Axel에게 감사를 표하고 싶다.

34　Cathy O'Neil, "The Ivory Tower Can't Keep Ignoring Tech," *New York Times*, November 14, 2017.

35　장-프랑수아 리오타르가『포스트모던의 조건』(1979)에서 이러한 대립을 날카롭고 강력하게 비판했다는 점을 언급해야만 하겠다. 정확히 지식에 관한 보고서인 이 책에서, 그는 다음과 같이 비판한다. "그러한 대립은 [······] 더 이상 우리 사회와 관련성이 없으며 포스트모던적 지식의 가장 중요한 양식과 맞지 않는다"(Jean-François Lyotard, *The Postmodern Condition: A Report in Knowledge*, Geoffrey Bennington & Brian Massumi(trans.), Minneapolis: University of Minnesota Press, 1984, pp. 14~15).

36　여기에서 지식과 능력을 조금 더 구분해보려 한다. '능력'이 기계의 설정이나 수리 같은 기술적 노하우를 나타낸다면, 내가 생각하는 지식은 공학과 인문학의 지식이 결합된 형태로, 이는 기술적 활동에 더 광범위한 참여를 가능하게 한다.

김재희

포스트휴먼 시대, 탈노동은 가능한가?

포스트휴먼 사회와 기술적 소외

정보기술과 사이버네틱스의 등장은 '정보의 소통과 피드백 조절'이라는
측면에서 인간과 기계를 동일한 시스템으로 바라볼 수 있게 만들었다.
그것은 '기계의 인간화'와 '인간의 기계화'를 동시에 가능하게 하면서
'포스트휴먼' 논의를 개방하는 데 기여했다. 첨단 기술과학의 발전에
기초한 '휴먼의 포스트휴먼화'는 기대와 두려움의 양면성을 갖는다.
'기계의 인간화' 측면에서 보자면, 인간은 IBM의 왓슨이나 구글의
알파고와 같은 약인공지능의 도구적 유용성과 편리함을 반긴다. 그러나
강인공지능과 초인공지능과 같은 탁월한 비인간 존재자들이 장차
인간을 지배할까봐 두려워한다. '인간의 기계화' 측면에서 보자면,
인간은 유전적·약물적·기계적 방법을 통해 장애를 제거하고 심신 역량을
향상시키는 트랜스휴먼화나 사이보그화를 반긴다. 그러나 모든 것을
기계적 언어로 데이터화하고 알고리즘화하는 컴퓨터 중심주의에 따라
인간의 욕망과 생각마저 기계처럼 될까봐 두려워한다. 인간의 진화와
기계의 진화가 서로 마주치는 지점에서 발생한 '포스트휴먼화'에 대한
이런 두려움은 특히 노동을 둘러싼 소외 문제를 중심으로 강화된다. 즉,
기계와 로봇이 인간의 자리를 대신하고 인간은 자동화된 시스템 앞에서
오히려 단순 기계가 되거나 아예 필요 없게 되리라는 것이다.

그런데 노동으로부터의 소외는 과연 기술적 대상들이 야기하는가?
기술적 대상들이 인간의 노동을 대신할 수 있게 되었다면, 인간은
이제 노동이 아닌 다른 활동을 하거나 할 수 있어야 하지 않을까? 휴먼
사회로부터 포스트휴먼 사회로의 이행은 노동과 인간의 관계만이

아니라 노동 개념 자체를 변형시킨다. 노동을 둘러싼 인간과 기계의 대립이 아니라, 인간과 기계가 '포스트휴먼'으로서 함께 작업할 수 있는 '탈노동post-labor'의 가능성을 찾아야 하지 않을까?

노동, 소외, 그리고 기술

1950년대 말에 이미 시몽동은 기술 발달에 따른 노동 공동체의 한계를 지적하며, 기계화와 자동화에 의한 인간 소외 문제를 해결하고자 했다. 그는 19세기 말 수공업 작업장으로부터 기계화된 공장으로의 이행 시기에 나타난 인간 소외의 원천을, 마르크스가 생산수단의 소유를 둘러싼 노동과 자본의 대립에서 찾은 것과 달리, 기술적 개체와 인간 개체 사이의 생리-심리학적physio-psychological 불연속성에서 찾았다.[1] 말하자면, 장인이 자신의 신체로 연장들을 움직이면서 자기 몸짓의 정확성과 연장들의 작동을 느낄 수 있었을 때는, 기술적 대상들과 인간이 직접 연결되어 있었기 때문에 이런 소외가 없었다. 그러나 기술적 대상들의 자동화와 더불어 기계가 더 이상 인간의 몸짓을 그대로 연장하지 않고 기계 자신의 방식대로 움직이기 시작하면서, 인간은 이 관계의 연속성을 상실하게 된다. 시몽동은 노동과 자본의 대립 구도만으로는 이런 소외의 양상을 설명하기 어렵다고 보았다. 물론 자본과 노동의 비대칭적 구조가 인간과 기계의 관계를 왜곡시키는 조건임은 분명하다. 비소유는 기계와 노동자 사이의 관계를 더 멀어지게 한다. 하지만 시몽동이 강조한 것은, 노동자든 자본가든 인간은 더 이상 자동화된 기술적 개체와는 직접적인 관계를 맺지 못한다는 점이다. 이 소외감은 특히 기술적 개체들이 출현하기 이전, 오랜 세월 동안 인간이 그들 대신 '연장들의 운반자' 역할을 맡아왔기 때문에, 그래서 자동기계가 부당하게 인간의 역할을 빼앗는다고 믿을 정도로, 인간이 그 자신을 기술적 개체로 이해해왔기 때문에 나타나는 것이기도 했다. 기술성이 발달해서 기계가 연장들을 운반하는 기술적 개체의 역할을

---

1   "기계와 관련된 인간의 소외는 단지 사회-경제적 의미만 갖는 것이 아니다. 그것은 또한 심리-생리학적인 의미도 갖는다. 기계가 노동자들을 위해서건, 기계 자신들을 소유한 자들을 위해서건, 더 이상 신체의 도식을 연장하지 않는다는 것이다"(질베르 시몽동, 『기술적 대상들의 존재 양식에 대하여』, 김재희 옮김, 그린비, 2011, p. 172).

하게 되면, 인간은 수공업적 작업에서 면제되어 기술적 개체들의 집단을 조직하는 자가 되거나 그 기술적 개체들을 보조하는 자가 될 수밖에 없다. 기계에 기름칠을 하고, 쓰레기를 치우고, 부품들을 교체하면서, 인간은 기계들을 돌보는 하인 역할을 하거나, 아니면 기계들끼리의 관계를 조절해주는 관리자 역할을 하게 되는 것이다.

그렇다면, 인간이 노동의 직접적인 주체가 아니라 노동하는 기계들의 보조자나 관리자가 되는 것은, 불가피하게 인간을 불행한 소외에 빠뜨릴 수밖에 없는 것인가? 자동화로 인한 불연속성을 노동으로부터의 소외가 아니라 탈노동의 새로운 관계 방식이 출현하는 것으로 바라볼 수는 없을까? 시몽동의 해법은, 자동기계를 배척하는 대신, 인간과 기술적 대상의 관계를 다른 차원에서 재조정하여 연속성을 회복하는 것이었다.

그에 따르면, 무엇보다 우선 노동 패러다임에서 벗어나야 한다. '노동'은 기술적 대상들이 아직 연장이나 도구 수준에 있기에 인간의 동력을 필요로 하고 인간이 연장들의 운반자로서 기술적 개체의 역할을 대신해야 할 때나 적합했던 개념이다. 기술적 대상들이 진화해서 자동화된 개체가 되었을 때, 인간과 기계의 관계는 더 이상 '노동'이 아니라 더 근본적이고 포괄적인 '기술적 활동'의 차원에서 바라보아야 한다. 기술적 활동은 노동으로 축소될 수 없으며, 기계들의 단순한 사용만이 아니라 기계들을 발명·수리·조절하며 문제를 해결하는 창조적 작업 일반을 포괄하는 것이다.[2] 기술적 활동은 이질적이고 불일치하는 것들 사이에서 작동 가능한 관계를 창조하거나 조절하는 작용이다. 노동으로부터 기술적 활동으로의 전환은 실체 중심에서 관계 중심으로 삶에 대한 근본적인 태도를 바꾸는 것이다. 따라서 기술적 활동 안에서 자유로운 소통과 관계 맺음을 방해하는 사회적 편견과 위계적 분할 또한 해체되어야 한다. 기술적 활동은 인간과 기술적 대상 사이의 대칭적인 상호 협력적 관계를 전제할 뿐만 아니라, 기술적 대상들을 통해 소통하는 인간과 인간 사이의 평등한 상호

---

2   "기술적 활동은 단순한 노동, 소외시키는 노동과는 구분된다. 기술적 활동은 단지 기계의
     활용만이 아니라, 발명과 구축 활동을 연장하는 것인, 기계의 보전이나 조절이나 개량,
     기술적 작동에 기울이는 주의의 특정한 비율 또한 포함하는 것이다" (같은 책, p. 359).

협력적 관계 또한 전제한다. 기계들의 하위 수준에서 일하는 자들과
기계들의 상위 수준에서 일하는 자들이 기계들을 매개로 동등한
위상에서 상호 협력적으로 소통하며 조화를 이룰 수 있는 기술적
조직화와 기술적 활동이 가능할 때, 불연속성에 기반을 둔 소외는
사라질 수 있다.

요컨대, 기술이 인간의 손 안에서 조절되고 있을 때의 행복감이
인간의 통제력을 넘어선 기술에 대한 두려움으로 바뀌었을 때,
시몽동은 기술에 대한 인간의 관계를 재조정하는 데서 문제 해결의
가능성을 찾았다. 그는 20세기 정보기술 시대에는 더 이상 기계들
앞에서 무력하게 소모되며 노동 수단을 잃었다고 기계들을 부수는
'노동자로서의 인간'이 아니라, 기계들의 작동 방식을 이해하고
기계들의 관계를 조직화하며 기계들을 매개로 개체초월적
관계transindividual relation를 구축할 줄 아는 '기술자로서의 인간'이
주류가 되리라 전망했다. '개체초월적 관계'는 노동 분업에 기초한
개체들 간의 통상적인 사회적 관계가 아니다. 그것은 분리된 개체들
안에 내재하던 전前개체적인preindividual 퍼텐셜이 기술적 대상들을
매개로 그 개체들 사이에 소통됨으로써, 기존의 사회적 질서를
가로지르는 새로운 의미와 정서적 공감으로 연대하게 된 심리적,
집단적 관계를 의미한다.[3] 시몽동은 정보 네트워크 기술이 등장함에
따라, 생물학적 인간 종의 노동에 기초한 공동체로부터 창조적인
기술적 활동에 기초한 개체초월적인 집단으로, 인간 사회의 진화가
가능하다고 보았다.

자본-기술과 비판적 독해력

그러나 베르나르 스티글레르는 시몽동의 전망이 지나치게
낙관적이었고, 특히 기술과 자본의 관계를 간과했다고 비판한다.
스티글레르에 따르면, 디지털 네트워크 기술은 시몽동의 기대와 달리

---

3   Gilbert Simondon, *L'Individuation à la lumière des notions de forme et d'information*,
Grenoble: Millon, 2005 참조.

기술자 주체가 아닌 탈개체화된 소비 주체를 양산하며 '인지적이고
정신적인 소외'를 야기한다. 디지털 네크워크를 활용하는 문화적
생산과 소비의 양식들은 자본주의 경제의 정언명령들에 부합하도록
기억기술mnemotechnics을 산업화한다. 이 기억기술은 소비사회의
정치경제에 복무하며 소비 대중들의 동질적이고 획일적인 집단의식을
생산하는 데 기여한다. 이 시대의 대중은 독특성singularity을
상실한 개체들, 즉 산업화된 기억기술 장치들mnemotechnologies에
주의attention가 포획되어 자신의 욕망이 아닌 시장의 이익에
복무하는 자들로서, 통제사회 속의 들뢰즈Gilles Deleuze적
'가분체들dividuals'과 같다.

'나I'는 하나의 신체를 가진 독특한 개인이 아니라, 컴퓨터
네트워크의 경영을 위해 제공되고 선별되는 데이터뱅크에 지나지
않는다. '나'는 데이터를 찾으면서 동시에 그 데이터의 일부가 되는,
데이터 소유자이자 소비자일 뿐이다. 가분체로서의 '나'는 더 이상
'우리we'를 만들 수 없다. 독특한 개체들의 집단인 '우리'는 불특정
다수의 '아무나one'가 된다. '아무나'는 개체성의 상실이자 개체성의
액체화를 의미한다. 탈개체화된 가분체들로 구성된 '아무나'는
'인간 사회의 절지동물 되기becoming-arthropod of human society'를
산출한다. 인간은 '개미'(보철물로 뒤덮임)와 '거미'(네트워크 속에서
자신을 먹음) 사이의 어떤 절지동물에 지나지 않게 되며, 인간
사회는 곤충 사회와 같은 멀티-에이전트 시스템에 불과하게 된다.
전前개체적 자연환경은 기술공학적·산업적으로 변형된다. 인간의
상징적·정신적·운동적 기능들은 다양한 기술적 보철물을 통해
외재화된다. 이 기술공학적·산업적 보철물들을 통해 인간 생체는
통제되고 조절된다.[4] 이와 같은 하이퍼 산업 시대에, 특히 '노동자'는
점진적으로 기계에 의해 탈개체화된다.[5] 노동의 파편화로부터 최고

---

[4]   "도구와 기억의 외재화를 통한 신체와 두뇌의 발전 덕분에, 인간 종은 폴립모체
      polyparium나 개미의 운명을 벗어난 것처럼 보인다. 그러나 개인의 자유는 단지 한
      단계에 불과할지 모른다. 시간과 공간의 가축화는 초-개체 유기체를 이루는 모든
      부분들의 완전한 종속을 수반할 것이다"(Bernard Stiegler, *Symbolic Misery*, Cambridge:
      Polity Press, 2014, p. 77).
[5]   "프롤레타리아는, 질베르 시몽동이 말했듯이, 탈개체화된 노동자, 즉 그의 지식이 기계

경영자의 스트레스에 이르기까지 의욕 저하와 도구화가 가속화되며
노동의 가치 하락이 계속된다. 상징적 비참함symbolic misery은
변두리 작업장의 노동자이든 회사 중역이든 마찬가지다. 하이퍼 산업
시대의 프롤레타리아는 전면화된 기계화와 산업화된 기억기술에
의해 '할 줄 앎savoir-faire'뿐만 아니라 '살 줄 앎savoir-vivre'까지
박탈당한다.

그렇다면 소비자본주의와 결탁한 디지털 정보 네트워크 시대,
인간 정신의 빈곤함과 전면화된 프롤레타리아화는 어떻게 극복할
수 있을까? 스티글레르의 해법은 인간 정신에 대한 '주의 깊은
돌봄attentional care'과 기술환경에 대한 '비판적 독해력critical
literacy'을 키우는 것이다. 즉, 빈곤해진 정신spirit을 살려내고, 끊어진
세대 간의 연결intergeneration을 회복시키며, 단기적 충동을 욕망의
긴 회로로 변환시켜야 한다. 또한, 자본의 이익들에 의해 통제되고
획일화된 네트워크 문화에 저항할 수 있도록, 기술환경에 대한 비판적
독해력을 키워야 한다. 그러나 이와 같은 스티글레르의 해법은 노동을
둘러싼 기술과 인간의 대립을 전제하고, 인간 중심적 휴머니즘과
계몽주의의 전통을 벗어나지 못한다는 점에서 한계가 있다. 산업화된
기억기술의 매개가 개체초월화[6]의 조건들을 어떻게 중층결정하고
'나'와 '우리'의 관계를 왜곡하는지에 대한 비판적 개입은, 이보다 더

속으로 들어가서 더 이상 그가 연장들을 운반하고 실행시킴으로써 개체화되는 노동자가
아닌 노동자다"(Bernard Stiegler, *For a New Critique of Political Economy*, Cambridge:
Polity Press, 2010, p. 37).

6　시몽동의 개체화론을 계승한 스티글레르에 따르면, 인간의 개체화는 '심리적
　개체화'(나), '집단적 개체화'(우리), '기술적 개체화'의 동시적 형성으로 특징지어진다.
　'나'라는 심리적 개체는 집단적 개체인 '우리'에 속하지 않고서는 생각될 수 없다.
　'나'는 집단의 역사적 유산을 '입양'(나의 직계 선조의 것이 아닌 과거를 내 것으로
　받아들임)하는 과정을 통해 구성되기 때문이다. '나'는 실체적인 상태가 아니라
　준안정적인 하나의 과정, 심리적으로 개체화하는 과정이며, '우리' 역시 집단적으로
　개체화하는 하나의 과정이다. '나'의 개체화가 거기에 기입되어 있고, '우리'의 개체화는
　'나'들 사이의 갈등하는 개체화들을 통해서 발생한다. 시몽동은 이 '나'와 '우리'의
　동시 발생을 '심리적-집단적 개체화 또는 개체초월적 개체화'라고 정의했다. 그런데
　스티글레르는 여기에다가 시몽동이 명시적으로 강조하지는 않았던 기술적 시스템의
　개체화를 덧붙인다. 기술적 시스템은 '나'와 '우리'의 개체화를 조건 짓는 기억장치들로
　구성된 환경이다. 이 세 가지 줄기가 동시에 얽히면서 형성되는 '심리적-집단적-기술적
　개체화'가 스티글레르가 말하고자 하는 '개체초월화' 과정이다.

근본적으로, 노동과 소외의 대립을 넘어서 창조적인 기술적 활동을
활성화하려는 시몽동적 기획의 실행을 전제하는 한에서만, 유효하게
작동할 수 있다.

탈노동과 기술적 활동

시몽동은 19세기 열역학적 에너지 시대로부터 20세기 정보기술
시대로의 이행에서 나타난 '노동으로부터의 소외'를 인간과 기계의
상호 협력적 공존에 기초한 '기술적 문화'의 구축을 통해 해결하고자
했다. 또한 스티글레르는 20세기 이후 하이퍼 산업 시대에 나타난
'기술-자본 시스템에 의한 정신문화 상실'을 '비판적 독해력'의 회복을
통한 개체초월화의 실현을 통해 극복하고자 했다. 비록 시몽동과
스티글레르가 포스트휴먼 사회의 노동과 소외 문제를 직접 겨냥하지는
않았지만, 포스트휴먼 사회에 적합한 탈노동의 형태는 아마도 시몽동의
선구적인 기획과 스티글레르의 현실적인 처방 사이에서 찾을 수 있을
것이다. 말하자면, 노동으로부터 기술적 활동으로 삶의 패러다임을
바꾸어야 한다는 시몽동의 주장은 여전히 유효하며, 포스트휴먼 사회를
위한 탈노동의 형태를 예견하게 해준다. 그러나 시몽동적 탈노동으로의
전환이 이루어지기 위해서는 또한 스티글레르가 제안한 비판적 개입의
작업들이 요구된다.

시몽동과 스티글레르의 통찰을 토대로, 기술적 활동으로서의
탈노동을 사유하기 위해서는 기술적 활동을 생산적 노동에 결부시키는
기존의 사유 프레임에서 벗어나는 것이 필요하다. 우선, '노동 대
자본'이라는 프레임에서 벗어나야 한다. 그것은 기술적 활동을
생산성 향상을 위한 도구로 이해하며, 기술적 대상과의 관계도
소유의 문제로 국한시킨다. 기술적 활동은 생산성과 실용성을 떠나서
실재에 대한 인식 역량이자 실재와의 관계를 발명하는 역량으로 다시
이해되어야 한다. 누구나 자유롭게 자신의 기술적 대상들을 선택하고
제작하고 발명하고 수리하며 세계와 다른 방식으로 관계 맺을 수
있는 사회문화적·정치경제적 조건을 형성해야 한다. 노동으로부터
탈노동으로의 이행이 포스트휴먼화를 통한 휴먼의 잠재력 향상과

진화에 기여하는 것이 되려면, 기술적 활동이 자본-생산성으로부터
분리되어 창조적인 특성을 발현할 수 있어야 할 것이다.

또한, '노동-여가'의 프레임도 해체될 필요가 있다. '노동'이 생계 유지를
위한 일이나 적극적인 공적 생활을 대변한다면, '여가'는 자유롭게 쉬고,
사색하고, 공부하며, 노는 시간을 대변한다. 그러나 소비에 기반을
둔 오늘날의 '레저'가 아니라 진정한 의미에서의 '스콜레scole'이자
'오티움otium'이라 할지라도, 탈노동을 사유하기 위해서는 노동의
대립항인 '여가'로는 불충분하다. 노동과 여가의 대립 구도에서는
발명의 기술적 활동은 포착되지 않는다. 특히 '여가'에 속하는 '스콜레나
관조'를 인식 능력으로서 높이 평가하는 것도 기술적 활동을 노동으로
축소시켜 실용성에 묶어두는 데 일조할 뿐이다. 정작 실재에 대한

제1차 세계대전 당시 여성 노동자들

손으로 직접 물건을 만들어보는 '메이커 페어'

인식은 '관조'가 아니라 기술적 활동과 같은 '창의적 조작inventive operation'을 통해서 더 잘 이루어진다는 점이 간과되는 것이다.

지금 우리는 노동에 기반을 둔 인간 중심 시대에서 기술적 활동에 기반을 둔 포스트휴먼 시대로 이행하고 있다. 포스트휴먼 사회는 인간과 기술적 대상의 상호 협력적 공존을 전제한다. 인간과 기계는 더 이상 노동을 둘러싸고 대립할 것이 아니라, 기술적 활동 안에서 상호 협력적으로 공존할 방식을 모색해야 한다. 노동 주체로서의 인간과 노동 도구로서의 기계 사이의 지배-피지배 관계는 생물학적 기원을 갖는 포스트휴먼과 인공적 기원을 갖는 포스트휴먼 사이의 상호 협력적 관계로 대체되어야 한다. 인간과 비인간은 모두 포스트휴먼으로서 기술적 활동 안에서 세계와의 관계 방식을 '함께' 발명해나가야 한다. 탈노동의 기술적 활동은 새로운 주체화의 조건이다. 포스트휴먼은 노동하는 인간이 아니라 기술적 활동 안에서 비인간과 상호 협력하며 전개체적 자연의 퍼텐셜을 표현하는 개체초월적 주체여야 한다.
포스트휴머니티가 휴머니티를 넘어선 슈퍼휴머니티의 특성을
갖는다면, 그것은 더 이상 비인간을 지배하는 인간의 역량 강화가
아니라, 인간과 비인간 사이의 차별 없는 지적, 정서적 소통과
협력의 개체초월성을 의미해야 할 것이다. 탈노동은 이러한
포스트휴머니티의 실현이어야 한다.

참고 문헌

김재희, 『시몽동의 기술철학: 포스트휴먼 사회를 위한 청사진』, 아카넷, 2017.

Simondon, Gilbert, *Du Mode d'existence des objets techniques*(1958), Paris: Aubier, 1989.
    [한국어판: 『기술적 대상들의 존재 양식에 대하여』, 김재희 옮김, 그린비, 2011].

―――, *L'Individuation a la lumiere des notions de forme et d'information*, Grenoble: Millon,
    2005. [한국어판: 『형태와 정보 개념에 비추어 본 개체화』, 황수영 옮김, 그린비, 2017].

Stiegler, Bernard, *For a New Critique of Political Economy*, Cambridge: Polity Press, 2010.

―――, *Symbolic Misery*, Cambridge: Polity Press, 2014.

에마 아리사

과업과 가치

인공지능AI의 활용은 일터와 일상에 어떤 영향을 미칠까? 'AI가 사회 문제를 **일으킨다**'는 비관적 시각과 'AI가 사회 문제를 **해결한다**'는 낙관적 시각이 있다. AI의 영향을 어떻게 이해하느냐는 관점에 따라 달라질 것이다. 그러나 물론, 그 두 가지 시각을 완전히 나눌 수는 없다. AI를 증진하는 동시에 예방 원칙을 고수하듯, 많은 이들이 복합적인 관점을 지니고 있다.

AI의 위험성을 검토하려면, AI의 윤리적, 법적, 사회적 파급 ELSI에 대해 논의할 필요가 있다. 뿐만 아니라, 정보기술IT로 초래된 종래의 문제와 AI가 분리될 수 없다는 사실을 인식해야 한다. 물론, AI로 전에 없던 문제들도 발생한다. '스스로 학습하는 기계가 내린 결정은 누가 책임질 것인가?'와 같은 문제 말이다. 정보기술이 처음으로 사회에 파고든 이래, 프라이버시 침해, 정보 유출, 중독, 넛징nudging과 같은 사안들이 문제화되었다. AI로 인해 예견되는 여파의 상당 부분이 동일한 문제 공간을 공유하며 그 확장에 일조하지만, 과거에 IT가 그러했던 것처럼 현재 AI가 다뤄지고 있다는 사실을 인식하는 것이 중요하다.

일

사람들이 활용하기에 까다롭거나 신뢰하기 어려운 기술은, 일터에 도입된다 해도 사회에 파고들지는 못할 것이다. 1980년대와 1990년대에 개인용 컴퓨터가 도입되었을 때, 컴퓨터를 사용할 수 없는 사람들이 어떤 종류의 일을 할 수 있을까를 두고 논쟁이 벌어졌다.

하지만 이제는 업무를 위해 인터넷을 검색하고 소프트웨어로 문서를 작성하다 보니, 그런 기술 없이 찾으려는 바를 찾아낼 방법을 잊어버린 사람들이 많다.

사람들은 기술이 자신의 일에 더 유용할 때 기술을 활용하며, 그 결과 기술은 더욱 편리해진다. 예를 들어, 검색 엔진은 텍스트 검색에만 쓰였지만, 이제는 이미지와 영화, 음성도 검색 가능하다. 이러한 변화는 대개 사람들이 알아차리지 못하는 사이에 이뤄진다. 그렇지만 또한 AI의 능력을 과대평가하지 않도록 유의해야 한다. AI 엔지니어들조차 이 문제를 염려한다. 운전이나 수술처럼 작은 실수조차 비극을 불러오는 수많은 행위가 있다. 신뢰는 필요하지만, AI에 전적으로 의지할 수는 없다. AI도 실수를 저지른다. 오류 해결 작업이 필요할 것이다.

숙달

우리는 개인용 컴퓨터나 휴대폰의 구조 혹은 기술적 작동에 대한 이해 없이 그것들을 사용한다. AI도 마찬가지로 항상 이해해야 할 필요는 없지만, 일정 정도의 (재)교육이 요구되는 몇몇 사례가 있다. 예를 들어 자동차 운전이 그렇다. 자동 브레이크와 자동 핸들을 갖춘 자동차들이 이미 시판되었고, 대부분은 수동 운전을 할 줄 아는 운전자들에게 판매된다. 이런 기계장치가 지금은 안전 용도로만 설계되고 있지만, 우리가 기계의 자동 능력을 과신하면 사고는 일어날 수 있고 또 일어나게 될 것이다. 자동차의 자동화와 같은 사례는 과도기적 기술에 해당하기에, 기계가 할 수 있는 일과 할 수 없는 일이 무엇인지를 알아야 한다. 그러므로 운전자가 AI로 운전하는 방법을 다시 교육받고 배울 장소와 기회가 필요하다. 더 나아가 미래에는 자율주행 차량이 주행 중에 운전자가 무엇을 하고 무엇을 하지 말아야 하는지를 직접 교육할 수도 있다. 하지만 어떤 사람은 그런 기술을 쓰지 않는 쪽을 선호할지도 모르고, 기술을 활용할 능력이 없을지도 모른다. 그런 만큼 사회는 안전망을 마련하고, AI의 사용 여부 역시 선택 가능하게 해야 한다.

헨나 호텔의 프런트 접수 로봇

경쟁

포디즘 fordism은 일을 별개의 과업들로 세분화해왔다. AI가 인간의 일자리를 앗아갈 것이라는 기술반대론자의 공포는 그러므로 맥을 잘못 짚은 것이다.[1] 예를 들어 테마파크 하우스텐보스(일본 나가사키 현 사세보 시)에 자리한 (이상한/변화하는 호텔이라는 뜻의) 헨나 호텔 Hen-na Hotel은 프런트, 청소, 안내, 엔터테인먼트 업무에 로봇을 도입한 것으로 유명하다.[2] 호텔에 머무는 동안 투숙객은 인간 직원과 마주치는 일이 거의 없다. 청소는 객실과 복도 간의 세부 과업으로 나뉘는데, 로봇과 인간이 작업을 분담한다. 객실 청결에 투숙객이 민감할 수 있기 때문에, 객실 청소는 사람이 맡는다. 반대로 로봇은 지속적인 청소가 필요한 복도 같은 공용 공간의 청소를 담당한다.[3]

로봇의 수행 품질이 개선된다 해도, 로봇의 유지와 관리라는 과업은 인간의 일로 남는다. 이런 의미에서 미래에는 '청소'의 개념이 바뀌어, 손으로 직접 청소하고 쓰레기를 치우는 것이 아니라, '로봇을 청소하기' 혹은 '청소 지시 내리기'를 뜻하게 될지도 모른다.

명확화

AI는 최적화 및 식별 과정을 위한 머신-러닝 알고리즘 활용에 능하다. 그러나 실제로 특정 일터에 도입되면, AI는 자신의 목적과 기업의 경영 방침 모두에 따라 활용될 것이다. 헨나 호텔은 생산성 향상을

---

1 세계경제포럼 World Economic Forum이 내놓은 보고서 「일자리의 미래The Future of Jobs」 역시 AI는 일자리가 아닌 과업을 대체할 것이라고 주장한다(http://www3.weforum.org/docs/WEF_Future_of_Jobs.pdf 참조).

2 '계속해서 변화하겠다는 약속'이라는 콘셉트의 호텔이다. 기네스북으로부터 '세계 최초의 로봇 호텔' 인증을 받았다(http://www.h-n-h.jp/en/ 참조).

3 이 사례 연구에 관해서는 다음의 논문을 참고하라. Hirotaka Osawa, Arisa Ema, Hiromitsu Hattori, Naonori Akiya, Nobutsugu Kanzaki, Akinori Kubo, Tora Koyama & Ryutaro Ichise, "What is Real Risk and Benefit on Work with Robots?: From the Analysis of a Robot Hotel," *Proceedings of the Companion of the 2017 ACM/IEEE International Conference on Human-Robot Interaction(HRI '17)*, New York: ACM, 2017, pp. 241~42(https://doi.org/10.1145/3029798.3038312).

목적으로 로봇을 도입했고, 그 결과 로봇이 없었다면 유지되었을
인력의 3분의 1로 직원 규모가 줄었다. 반면 이시카와 현에 있는 카가야
호텔 Kagaya Hotel 은 탄탄한 기반을 지닌 고급 호텔로, 이곳에서는
로봇을 내부 운영의 후방 지원에 한해 도입했다. 예전에는 객실마다
식사를 개별적으로 가져다주는 것이 직원들에게 큰 부담이었다. 식사의
'자동 전달 시스템'을 도입함으로써, 직원이 손님 응대에만 집중할 수
있도록 하는 것이 호텔의 목표다. 로봇이 주 직원이고 인간은 로봇을
보조하는 존재로 간주하는 로봇 호텔과는 반대로, 카가야 호텔은
로봇을 인간의 일을 지원하는 데 활용했다.

이처럼 AI나 로봇을 일터에 도입할 때, 직원과 소비자에게 제공하려는
가치를 모두 고려해야 한다. 그럴 때만이 특정 유형의 AI나 로봇이
목적에 부합할 수 있다. 단순히 AI나 로봇을 들이는 것만으로 회사의
생산성이 높아지리라 믿는, 아니면 경쟁자들이 하고 있으니 나도 그렇게
하겠다는 관리자나 경영자도 있지만, 기업마다 과업과 가치는 크게
다르다. 모방을 꼭 선택해야 하는 것은 아니다.

문제들

AI가 무엇을 할 수 있는가라는 문제뿐만 아니라, 인간이 무엇을 할
수 있고 또 해야 하는가의 문제가 있다. 가령 안전, 보안, 효율성을
위한 위치 추적으로 빚어지는 프라이버시의 침해처럼 IT의 초창기
형식들로부터 비롯되어 남아 있는 문제들에 주의를 기울여야 한다.
IT에 대한 과도한 의존의 위험성이 AI의 도입으로 더 심각해질 것이며
또 실제로 그래왔다는 사실도 부정할 수 없다.

노동자들이 지나치게 간섭하고 통제한다고 느껴지는 기술들에
'싫다'고 말할 수 있을 때까지, 일터에서의 고통은 커져만 갈 것이다.
여기에서 인문학과 사회과학이 해야 할 역할은 그 불편하고 불쾌한
감정을 개인의 이기심이라 등한시하지 않고, 그러한 감정들을
파악하고 개념화하는 것이다. AI의 도입으로 발생하는 문제들이 기업
구조나 업계 논리, 사회 체계, 인간관계 속에 뿌리내릴 수도 있다.

그러므로 문제의 본질을 찾고 싶다면 기술과 사회의 상호작용에
초점을 맞추어야 하며 그 필요성은 점점 더 커질 것이다.

AI는 우리 사회를 비추는 거울이라 할 수 있다. AI는 우리의
일상생활과 일에 깊이 관여하며, 우리가 어디에 가치를 두는지 묻는다.
달리 말해, AI는 우리가 믿는 가치를 해체하고 재구성할 기회를
선사하며, 우리 사회의 미래를 창의적으로 생각해보도록 이끌어줄
것이다.

이 글은 일본 언론사 렌고에 실린 인터뷰를 재구성한 것이다.

2부

정신병리학

"시대마다 고유한 질병이 있다"고 한병철은 『피로사회』에서 말한다. 여기에 덧붙여 질병마다 고유의 건축이 있다고 말할 수 있다. 세균성 질병의 시대ㅡ특히 결핵ㅡ는 현대 건축을, 르코르뷔지에가 말한 대로 "질병이 번식하는 습한 지면"으로부터 떨어진 백색의 건물들을 낳았다. 햇빛과 신선한 공기의 치료를 촉진하던 매끄러운 표면, 커다란 창문, 테라스의 시대는 항생제, 그중에서도 특히 1943년 스트렙토마이신(최초의 결핵 치료용 항생제)의 발견과 함께 저물었다.

전후 시기, 관심은 정신으로 옮겨 갔다. 한때 결핵 예방을 생각했던 건축가들이 이제는 심리학적 문제에 매달리게 되었다. 건축가는 단순한 의사도 아닌 정신분석의로 간주되었고, 집은 질병 예방만이 아닌 심리적 안정을, 또는 리하르트 노이트라Richard Neutra가 '신경 건강nervous health'이라 불렀던 무엇을 제공하는 의료 장치로 여겨졌다. 한병철에 따르면, 21세기는 신경증의 시대다. 우울증, 주의력결핍과잉행동장애, 경계선 성격장애, 번아웃 증후군과 같은 질환의 시대인 것이다. 이러한 질병의 건축이란 어떤 것일까? 그것이 디자인에 의미하는 바는 무엇일까?

21세기는 또한 알러지의 시대, 즉 현대사회에서 살아갈 수 없는 '환경적 과민감'의 시대이기도 하다. 역사상 어느 때에도 이토록 많은 사람이 화학물질, 건물, 전자기장EMF, 향수 등에 알러지를 겪은 적이 없다. 이제는 환경이 거의 완전히 인공화되었기에, 우리는 우리 자신, 즉 일종의 자가면역질환으로 과신전된hyperextended 우리 자신의 몸에 알러지 반응을 일으키게 되고 말았다.

마크 와시우타

무아경의 정화

향정신성 대기

마약성 구름이 머리 위를 떠돈다. 2012년 "이탈리아 8개 대도시에서
관측된 공기 운반 향정신성 물질: 부담과 작용"이라는 이름의
보고서에서 밝힌 대로, 이탈리아 상공의 대기는 화학물의 흔적과
니코틴, 마리화나, 코카인 입자로 혼탁하다.[1] 보고서는 전 세계 약물
복용의 현황을 대기의 표본 추출과 검사를 통해 추적하고 규명할 수
있음을 시사한다. 아래쪽에서는 마약류의 집결로 불법 유포와 소비의
패턴이 드러나고, 위쪽에서는 기류를 타고 약물의 흔적이 재유포되어
확산한다. 위 보고서와 다른 대기 중 약물 입자 관련 연구들은 대기
과학과 약물 규제가 합류하는 새로운 지점, 화학물질의 관측과 통제가
겹쳐지는 영역을 암시한다. 대기 중 약물 검사로, 이제 대기는—불법
마약 유통의 입자 증거를 제공하는—과학수사적인 것이 되었고, 이제
집단적 자가투약을 보여주는 예증으로 등장한다. 세계의 대기는
THC(마리화나), 코카인, 아편 및 기타 향정신제를 품은 거대한
날숨이다.

이탈리아 상공의 약물성 대기에 대한 관측과 평가가 이루어지기 10년도
더 전에, 로스앤젤레스의 스모그에서 다른 유독 오염원과 함께 떠도는
코카인과 기타 마약류의 흔적을 발견한 유사한 연구가 수행되었다.[2]

---

1   Angelo Cecinato, Catia Balducci, Paola Romagnoli & Mattia Perilli, "Airborne Psychotropic
Substances Monitored in Eight Big Italian Cities: Burdens and Behaviors," *Environmental
Pollution*, vol. 171, 2012, p. 140.

2   Michael P. Hannigan & Glen R. Cass, "Bioassay-Directed Chemical Analysis of Los Angeles

베수비오 산에 접한 이탈리아 나폴리의 전경

대기 중 약물 검사의 최전선에 로스앤젤레스가 등장하는 것은 딱히
놀라운 일이 아니다. 1949년 패서디나에서 열린 '제1회 전국 대기오염에
관한 심포지엄'과 1950년대에 발효된 수차례의 스모그 경보 이후로,
로스앤젤레스라는 도시는 공기 질과 밀접하게 동일시되었다. 지난
수십 년 동안, 로스앤젤레스의 대기에 관한 관념과 이미지는 오염물의
집합소, 활성 부식제, 희뿌연 대기 굴절의 발생원 등으로 일관되었다.
오염물질의 가시화, 관련 측정 기법, 도시민에 미치는 유해성 분석,
규제 및 행정 조치의 등장이 로스앤젤레스가 걸어온 공기 도시성air
urbanism의 역사를 그려낸다.[3] 공기 중의 코카인과 헤로인, 기타
마약류의 경우, 대기 측정은 신체적 화학 검사 및 화학적 재조정의

Airborne Particulate Matter Using a Human Cell Mutagenicity Assay," *Environmental
Science & Technology*, vol. 32, no. 22, 1998, p. 3511.

3   '공기 도시성'은 필자가 마르코스 산체스Marcos Sanchez와 함께 진행한 로스앤젤레스와
멕시코시티에 대한 일련의 대기 역사 조사 프로젝트에서 사용했던 용어다. 여기에서
시사한 것처럼, 공기 도시성은 대기 관측 기법, 오염물질 관련 담론의 등장, 도시
대기오염을 다룬 재현과 미학에 적용된다.

장소와 기법에 병합되는데, 이 역시 로스앤젤레스가 자기향상 및 마약
해독 문화의 중심지가 되는 데 기여한 요인이다.

남부 캘리포니아 지역의 재활 센터—베티 포드 클리닉에서
시나논Synanon(미국의 약물 중독자 갱생 단체)까지—들이 밟아온
역사와 관련하여, 또 현재의 아편 및 헤로인 중독의 유행에 대한 대응에
있어, 로스앤젤레스는 확장하고 있는 미국의 마약 중독 클리닉과
해독 센터에서 중심을 차지한다. 로스앤젤레스와 다른 지역에서, 재활
클리닉과 대기 오염물 분석은 모두 종전 이후 한층 뚜렷해진 오염과
정화의 과정에 속한다. 양자는 함께 습관, 의식, 도덕, 입법, 오염물을
아우르는 유독 경제toxic economy의 신호탄을 쏘아 올린다. 그것은
전반에 걸친 기획으로, 독성을 판별하고 틀을 잡아 제시하는 과정이
정화 작업 및 환경 관리와 동시에 진행된다. 지난 세기에 대기오염원과
방사능, 통신 침투는—약물과 나란히—도시와 공동체를 오염의
경합지로 만든 위험한 첨가물의 집합으로 해석되었다. 종전 이후의 환경
행정은 재활 클리닉과 해독 센터를 통해 신체로 들어와, 화학적으로
변형된 시민과 정화된 시민을 분리했다.

치유의 경험

아비탈 로넬이 "약물 복용 중Being on drugs"[4]이라 묘사한 화학적으로
변형된 존재의 사례로 린지 로한Lindsay Lohan 등 유명인의 몸이
가장 눈에 띈다. 그런데 모든 '고객'에게 해독은 임상 과정이자
식욕 관리로 이중화되어, 메타돈 치료에서 케일 스무디에까지
걸쳐 있다. 현대의 중독 목록—약물, 섹스, 사랑, 포르노, 전화—이
늘어나면서, 치료법과 '치유 경험'에 대한 접근도 확장된다. 말리부의
프로미시스Promises에서 스튜디오시티의 원더랜드까지 이곳저곳에
머무르며, 린지 로한은 해독 영토를 안내하는 가장 유명한 길잡이가
되었다. 하지만 로한이 경험한 여섯 번의 재활도 해독 영토의 규모를
보여주기에는 역부족이다. 현재 미국에 1만 2천여 곳의 재활 센터가

---

4   Avital Ronell, *Crack Wars*, Lincoln: University of Nebraska Press, 1992, p. 11.

클리프사이드 말리부 재활 클리닉. (1) 바다가 보이는 라벤더 정원, (2) 식당, (3) 침실

클리프사이드 말리부 재활 클리닉의 그룹 테라피 홀

있고, 세계 곳곳에서 수십만 개의 해독 휴양소가 운영되고 있다.
미국에서 해독 치료가 부상한 데에는 약물 의존의 물결과 건강
소비자들의 욕구뿐만 아니라, 유폐된 장소에서 '자발적인' 재활을
명령하는 마약 법원의 판결 증가도 한몫한다. 해독 센터는 곧 미국
교도소 네트워크의 실험적, 치료적 연장이다.

정화와 자기향상이라는 이중의 과정이 현재 해독 및 재활 센터의
폭발적인 성장세의 기초를 이룬다. 캘리포니아 주 말리부에만 서른네
곳의 재활 클리닉이 있다. 최근까지만 해도, 말리부 지역의 클리닉은
유명인 환자와 부호 들을 대상으로 하는 최상급의 호화 중독 치료를
대표했다. 그러나 미국 건강보험 정책이 바뀌면서 재활 인구 계층이
뒤섞였다. 지금 가장 호화로운 센터는 발리, 이비자 등 이국으로 자리를
옮겼고, 그곳에서 약물 해독과 스파 서비스는 때로 잘 구별되지 않는다.
그럼에도 로스앤젤레스의 마약성 대기에 바로 인접하며 태평양이
펼쳐진 전망을 갖춘 말리부의 클리닉들은 여전히 치료의 매력을
보유하고 있다.

말리부의 재활 클리닉은 간호 및 중독 치료를 목적으로 임대한 지극히
호화롭지만 전통적인 주택에 입주해 있다. 캘리포니아의 임대법은
이런 클리닉에 건물당 최대 6개의 침상을 허용하고 있는데, 이 규정은
예기치 못한 친밀함과 가정적 성격domesticity을 낳았다. 하지만 새로운
공간 배치로 인해 주택의 기존 용도와 논리는 흥미로운 방식으로
수정되고 변형된다. 거실이 그룹 테라피 홀로, 차고가 실험적 신경요법
공간으로 대체되며, 옷장과 식품 저장실은 대체약물 조제실이 된다.
말리부에서는, 가정 공간에서 자주 발생하는 약물 중독이 마찬가지로
가정 공간에서 치료된다. 치료의 정신은 가장 평범한 가정생활에까지
파고든다. 몇몇 클리닉에서는 치료에 도움이 되도록 심리학자와
상담가가 함께 설계한 식단을 환자에게 제공한다. 침실은 상호 강화
및 감시를 증진하기 위해 다인실로 운영된다. 클리닉의 침실, 복도,
욕실, 식당은 행동과 공간의 상호관계 속에서 긴밀하게 결부되는데,
그 상호관계는 환경심리학과 행동심리학의 기본 전제다. 이들 센터가
낳은 결과는 가정성 역시 재조건화된다는 것이다.

건강보험 정책과 값비싼 치료 비용으로 인해 재활—새로운 습관과
행동을 형성하는 치료 단계—이 이전의 90일 기준에서 30일로 압축되는
경우가 잦아졌다. 그리하여 단축된 기간 동안 치료 요법과 기법이
다양하게 확대되어 환자들의 전체 생활 시간을 전부 채우다시피 한다.
전망에서부터 풍경, 식이요법, 침구까지, 치료 효과를 고려하지 않은
측면이 없다. 클리닉이란 치료가 공간적이며 물리적인 형태로 집중되고
압축되어 구체화한 결과물이다. 재활 기간의 단축에 맞서, 말리부의
입원 센터들은 해독실과 금주 그룹 홈, 외래환자 집중 진료 시설 등
군집한 부속 치료 공간들로 주변을 둘러쌌다. 그렇게 치료는 압축되는
동시에 무한히 연장된다. 새로운 습관과 행동을 설계하는 재활의 장치는
이처럼 동시적인 압축과 확장 안에서 진화한다.

법원 명령에 의한 재활과 클리닉에서는 치료의 통상적 요소로서 소변
샘플의 약물대사 검사가 이뤄진다. 재활 산업은 위법하고 유해한
화학물의 제거를 중심으로 구성된다. 치료의 첫 단계인 해독은 가장
내밀한 감시의 대상이다. 화학물질을 배출하면서, 신체는 발작이나
장기 부전의 위험을 겪고 다른 통증이나 불편에도 민감해진다. 소변
검사가 약물과 잔여 화학물의 일차 판독 결과를 제공한다면, 박층
크로마토그래피TLC나 가스 크로마토그래피GC, 질량분석기로는
화학적 첨가 및 얼룩의 패턴 분석을 통해 더욱 정확한 약물 농도 증거를
얻는다. 뇌 스캔에서 신경학적 평가까지, 다른 여러 가지 검사 방식이
소변 분석 결과를 보완한다. 이런 검사들은 한쪽 끝에서는 내밀하고
신체적인 치료 과정을 이루고, 반대쪽 끝에서는 좀더 광범위한 약물
통제의 문화적, 생명정치적인 체제를 나타낸다. 이 스펙트럼의
양극단에서, 환자들은 화학 첨가제와 반응에 따라 분류되고 사회적,
기술적, 성적 주체화와 약물의 주체화, 그리고 중독의 병리적 동인에
따라 판별된다.

환자의 신체가 화학적 축적과 변형의 장소로서 관찰되는 한편, 중독을
야기한 심리적 기저 원인을 다루기 위해 핵심적인 재활 요법들이
결합한다. 정신과 의사와 치료 전문가 팀이 운용하는 기본적인 임상
접근 방식은 인지행동 치료, 기타 개별 집중 심리 치료, 가족 치료, 그룹

치료, 12단계 기법 등 다양한 방법에 바탕을 둔다. 이처럼 전통적인 요법들을 중심으로 대안적이며 실험적인 요법들이 복잡하게 뻗어 나간다. 신체 감각 경험, 침술, 수중 치료, 요가 등 대부분의 요법이 트라우마를 치유하는 한편 행동과 신체적 경험 사이에 새로운 통로를 놓으려 시도한다. 말馬 요법 같은 다른 치료법들은 공감 훈련을 통한 사회적 유대 쌓기에 초점을 맞춘다. 훨씬 혁신적인 요법도 등장했다. 예를 들어 EMDR—안구 운동을 통해 민감도를 줄이고 재처리하는 요법—은 말하기 치료와 좌우 안구 운동을 결합하여 억압된 고통의 기억을 꺼낼 수 있게 해준다. 클리닉 측에 중독 치료의 유효성을 증명할 자료를 제출할 의무가 생기자, 그러한 압박은 치료 기법의 증가와 배합을 낳는 요인이 되었다. 일반적으로 말리부 지역의 클리닉에서는 중독을 더 넓은 의미의 치료 반응들이 필요한 중층결정의 조건으로 본다. 치료의 계획, 다양성, 범주가 축적되면서, 치료의 공간과 삶의 공간을 나누는 경계가 무너지고, 총체적 환경 치료라는 상이 떠오르기 시작한다.

말리부의 회복 센터들은 이러한 총체적 환경 치료를 위한 장소와 임상 시설을 제공한다. 그들의 가장 주요한 공간적, 치료적 장치는 금단withdrawal이다. 금단이란 약물 중단에 따르는 생리적 반응, 환자의 격리, 그리고 그 자체로 치료의 한 형식으로 여겨지고 홍보되는 말리부 해안 절벽에 자리한 센터의 물리적 고립을 설명하는 말이다. 특히 1960~70년대 캘리포니아에서 인기를 얻었듯이, 새로운 클리닉들은 금단과 고립, 캘리포니아 해안에 고착된 치료적 상상을 경유하여 전원 휴양소, 훈련소, 연구소의 역사와 긴밀하게 연결된다. 말리부 지역 센터의 임상 환경은 미국 서부 해안의 풍경과 결합하는데, 그 풍경은 에설런 연구소Esalen Institute나 다른 초창기 캘리포니아 요양소와 같은 개인 성장 훈련소growth center의 환각적 숭고psychedelic sublime와 연합되어 나타나고 굴절된다.

환각적 작업

스탠퍼드 대학교 심리학과 출신의 마이클 머피Michael Murphy와 딕 프라이스Dick Price가 1962년에 설립한 에설런 연구소는 미국 서부

1960년대 에설런 연구소 부지

에설런 연구소에서 연설하고 있는 버크민스터 풀러

1960년대 에설런 연구소의 워크숍

에설런 연구소의 목욕탕 가는 길

해안 지역 내 행동 교정 분야의 중심으로 급부상했다. 심리학자 프리츠
펄스Fritz Perls와 에이브러햄 매슬로Abraham Maslow의 지도에 따라,
그리고 앨더스 헉슬리Aldous Huxley와 사이키델릭 운동가 티머시
리어리Timothy Leary의 영향 아래, 에설런 연구소는 약물과 의식,
새로운 치료 형식의 실험에 나섰고, 이는 인간 잠재력 운동Human
Potential Movement의 개념적 방패이자 작업 방법론이 되었다.
그레고리 베이트슨Gregory Bateson 같은 지지자와 더불어 스티브
맥퀸 Steve McQueen 에서부터 버크민스터 풀러Buckminster Fuller까지
유명인들이 꾸준히 방문하며, 에설런 연구소는 실험적인 자기향상
문화에서 단연 눈에 띄는 장소가 되었다. 『라이프 Life』지는 에설런을
두고 "할 수 있었지만 그러지 않은, 잠재력을 해방하는" 새로운 운동의
본고장이라고 밝혔다.[5]

---

5   Jane Howard, "Inhibitions Thrown to the Gentle Winds," *Life*, July 12, 1968, p..48.

에설런 연구소의 나체 그룹 세션

에설런에서 운용한 삶의 조직화 기법은 명상, 동양 신비주의, 나체, 섹스, 약물 등을 결합한 것이었다. 여기에 게슈탈트 치료 및 집단 만남 세션—"거의 끊임없이 이어지는 정서적 참여의 마라톤"—이 병행되었는데, 참가자들은 최대 한 시간까지 상대의 눈을 바라보며 '눈의 대화eye-a-logues'를 나누어야 했다.[6] 좀더 일반적으로는, 참가자들이 '가시방석hot-seat'에 올라 성격과 행동에 대한 솔직한 평가를 받았다. 그 변주에 해당하는 세션에서는, 여학생들이 자신의 성기를 노출하면 다른 이들이 논평하기도 했다. 그에 대한 자신들의 반응을 함께 '처리'하면서 말이다.[7]

이런 만남 요법이 얼마나 보급되었든, 에설런의 상징으로 자리 잡은 이들 요법의 확산은 본래 약물 실험을 통해 고안되고 추구되고 계획된 것이었다. '엑스터시의 정치학'은 고유의 '환각적 작업psychedelic work'을 요한다는 티머시 리어리의 주장을 따른 듯한 에설런의 워크숍은 의식 향상과 정신적 고양의 기본 수단으로 LSD에 의존했다.[8] '약물 유도 신비주의'와 기타 초기 세미나들은 LSD 지향성을 강조했고, 환각적 시각psychedelic vision과 치료적 상상을 통합한 에설런에 기틀을 마련해주었다.[9]

디드리히 디데릭센Diedrich Diederichsen은 1960년대 초의 환각적 시각을 좀더 포괄적인 '환각의 기질psychedelic disposition'과

---

6 "The Group: Joy on Thursday," *Newsweek*, May 12, 1969, p. 105.

7 『이코노미스트』 기사의 언급처럼, "이런 세션은 때로는 감정적 카타르시스로, 때로는 쓰라린 경험과 이혼으로 이어졌다." "Where 'California' Bubbled Up," *The Economist*, December 22, 2007, p. 75.

8 Timothy Leary, "The Molecular Revolution," Lionel Bovier & Mai-Thu Perret(eds.), *Timewave Zero: A Psychedelic Reader*, Graz: JRP Editions/Rovolver/Grazer Kunstverein, 2001, p. 18.

9 '약물 유도 신비주의'를 주도한 마이런 스톨라로프Myron Stolaroff는 암펙스에 근무하며 자기테이프 녹음 개발에 중요한 역할을 한 엔지니어였다. 스톨라로프를 통해 우리는 자기향상의 기법과 더불어 의료, 치료, 환각으로 보조된 인간 잠재력, 기술에 의한 자아확장 개념의 통합을 엿볼 수 있는데, 이는 머지않아 베이 에어리어 지역의 기술 문화에 흡수된 결과와 영향력의 종합체라 할 수 있다. 이러한 맥락에서 스티브 잡스Steve Jobs와 동양 신비주의, 환각성 약물의 관계는 잡스 특유의 유별난 성향 때문이라기보다 직업의 전제조건이었다고 볼 수 있다.

관련짓는다.[10] 외부 자극 없이 경험하는 환각hallucination보다
지각적인 성격의 이 기질은 LSD 복용자와 복용하지 않은 관찰자
모두를 짜증스럽고 산만한 자본주의 세계의 쉿 소리에서 해방시킬
수 있다는 것이다.[11] 주체를 일상적인 사회적 통제의 손아귀에서
벗어나게 할 뿐 아니라, 대상 역시 세상 속 평소의 자리에서 떨어져
나와 갑자기 낯설고 탈맥락화된 '순수 대상'이 된다. 이러한 기질이
풍경에 고착되면, 풍경 안에서—로버트 스미스슨Robert Smithson과
함께—"목적도 용도도 없는, 순수한 대지"를 인식할 수도 있다.[12]
하지만 이러한 시각의 해방적 이탈이 영원히 자유롭지는 않을
터이다. 닻이 풀린 약물의 시각을 언제라도 다시 매어놓을 채비를 한
채, 환각의 풍경을 담은 난해한 키치적 삽화들이 주변을 맴돌았다.
디데릭센은 미셸 푸코Michel Foucault가 자브리스키 포인트Zabriskie
Point에서 경험한 희한한 LSD 체험을 인용하며, 미켈란젤로
안토니오니Michelangelo Antonioni의 영화에서 가장 환각적인
장면으로 이미 사이키델릭 코드가 된 그 장소에서 환각제를 복용하는
것이 무슨 의미일지 의아해한다. 약물의 시각으로 바라본 그 광경은
탈맥락화된 순수 대지인 동시에 인식 가능한 환각적 대상이다.

이와 같은 환각적 지형의 한 가지 버전이 에설런의 치료 풍경에 특색을
입힌다. 명상 의식, 나체 마사지, 만남 세션의 배경이 되는 빅서Big
Sur의 굽이치는 파도 풍경은 화학적으로 강화된 의식의 자극을 돕는
영원한 응시의 대상이다. 자브리스키 포인트와 마찬가지로, 약물에
취해 바라본 빅서의 풍경은 일상의 지각에서 떨어져 나와 환각적
의식의 고정적 대상으로 굳어진다. 리어리는 의식이 생화학적이므로
화학적 조정을 통해 의식을 증진시킬 수 있다고 주장했다. 망원경이나
다른 신기술의 산물이 발전하며 외면의 눈을 보조한 것과 마찬가지로
신기술이 내면의 눈을 위해 진화할 수 있다는 것이 리어리의
주장이었다. 빅서의 풍경 이미지는 환각적인 것이 되었고, 리어리가
말한 내면의 눈이 수렴하여 에설런의 치료적, 환각적 숭고를 형성했다.

---

10   Diedrich Diederichsen, "Psychedelic Gifts: Minimalism and Pop," *Timewave Zero*, p. 43.
11   같은 곳.
12   같은 책, p. 46.

자브리스키 포인트, 일명 데스밸리에 서 있는 미셸 푸코와 마이클 스톤맨

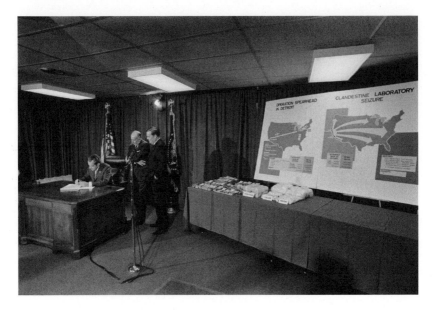

1970년 10월 27일, 닉슨 대통령이 규제물질법에 서명하고 있다.

1970년대 들어서, 화학물질로 수행되던 리어리의 환각 작업은 방향을
틀어 정화의 의식과 화학적 재보정 쪽으로 향했다. LSD에 대한
세대적 피로감, 다섯 개의 층으로 이뤄진 '일람표'로 마약류를 분류한
1970년대의 규제물질법, 엑스터시 정치학의 변동 모두가 에설런의
치료 운영에 영향을 미쳤다. 1970년대는 돌봄과 자기발견이라는
개념이 환각물질에서 초기의 해독 문화로 옮겨 가는 과정의
시기이기도 했다. 예를 들어 샌프란시스코의 리빙 워드 펠로십Living
Word Fellowship 센터에서는 십대 청소년들에게 우주적 통찰의
원천으로 약물을 찾는 대신에 예수에게서 고취를 찾으라고 권장했다.[13]
다른 개인 성장 훈련소에서도 약물을 통한 환각 작업은 약물을 끊는
노력으로, 또 명상과 개인적 성장을 통한 해방의 형식으로 대체되었다.

13   Steve Tipton, *Getting Saved from the Sixties: Moral Meaning in Conversion and Cultural
      Change*, Berkeley: University of California Press, 1982, p. 54.

초창기 빅서의 에설런 연구소나 다른 반문화적 휴양소가 의식의
확장과 지각의 문을 여는 도구로 약물 사용을 공식화했다면, 뉴에이지
수양소들은 깨달음에 이르는 대안적 길을 제시한 것이다. LSD를
통한 오염의 무아경은 정화의 무아경으로, 즉 해독과 식이요법, 요가,
화학물 복용을 화학적 재조정으로 대체하는 복합적 요법들에 자리를
내주었다.

1970년대 중반까지 미국에는 300여 곳 이상의 개인 성장 훈련소가
등록되어 있었고, 1천만 명 이상의 미국인이 개인 성장 관련 세미나에
참가했다.[14] 이런 훈련소와 기관—가령 EST라고도 불리는 어하드 훈련
세미나Erhard Training Seminar—의 분위기는 분명 환각과는 거리가
멀었다. 그러나 새로운 개인 성장 훈련소의 확산과 인간 잠재력 운동의
기본 도구인 환각제에 대한 거부 분위기에도 불구하고, 마약 복용은
거의 사라지지 않았다. 도리어 보호시설에 수용되지 않은 미국인
다섯 명 중 한 명이 향정신성 약물을 처방받게 되었는데, 이는 약물의
정체성은 물론 그 배급과 유통의 방법에 있어 중대한 변화를 시사하는
것이었다.[15]

이처럼 개인 성장 및 관련 요법들이 재공식화되는 과정과 나란히,
트라우마의 위상—에설런의 심리 실험 전반의 핵심이었던—도
순수하게 개인적인 또는 심리적인 것에서 환경을 아우르는 쪽으로
나아갔다. 환경 피해라는 개념, 즉 랠프 네이더 연구 그룹Ralph Nader
Study Group이 1970년대 미국 시민을 피해자로 만든 범죄의 물결이라
설명했던 환경 피해의 영향은 그 어느 때보다 대기오염 및 오염물질과
강력하게 묶이는 듯했다.[16] 네이더 그룹은 이런 오염이 국내에서
벌어지는 화학전과 생화학전이라고 강하게 주장하며, 스모그 공격의

---

14   어디에서나 찾을 수 있던 개인 성장 훈련소의 유행을 이해하고 싶다면, 에이비스 렌터카를
      설립한 워런 에이비스Warren Avis가 '공동 참여' 훈련소인 미국 행동과학 훈련 연구소를
      출범했다는 사실을 생각해보자. 개인 성장 훈련소의 확산에 관해서는 다음을 참고하라.
      Paul Heelas, *The New Age Movement*, Cambridge/Oxford: Blackwell, 1996, p. 52.
15   Nikolas Rose, "Neurochemical Selves," *Society*, November-December, 2003, p. 49.
16   John Esposito, *Vanishing Air: The Ralph Nader Study Group Report on Air Pollution*, New
      York: Grossmann Publishers, 1970.

EST의 초창기 참여자들을 맞이하고 있는 워너 어하드

피해자들을 은연중에 베트남의 독가스, 연막탄, 네이팜 폭운의
피해자들과 관련지었다. 이처럼 변화하는 암운 아래에서, 유해
환경이라는 개념의 테두리가 변하고 확장하며 더욱 광범위한 피해
및 피해자화 개념을 망라하게 되었다. 니컬러스 로즈Nikolas Rose는
주체화와 인간 행동 관리의 역사를 평가하면서, 주체를 욕망, 쾌락,
과잉장애로 판별하는 '열정 경제passional economy'를 언급한다.[17]
초창기 에설런 연구소가 그러한 경제에 길을 내어 해방을 약속했다면,
1970년대 초 말리부의 해독 클리닉이나 개인 성장 훈련소의 치료
관념은 그것의 제한과 제약으로 방향을 틀었다. 회복 요법은 개인적
트라우마뿐 아니라, 무분별한 화학물질의 접촉으로 겪은 트라우마와

---

17   Nikolas Rose, *Governing the Soul*, New York: Free Association Books, 1999, p. 271.

피해에 대면하는 만남의 무대를 마련한다. 한편 환경의 화학물질이
유해하다고 인식되는 것과 마찬가지로, 약물 중독과 과잉장애는
잘못된 행동 관리—또는 개인적 실패—는 물론 생태학을 훨씬 넘어서는
환경적 피해와도 연관된다. 새로운 형태의 소외, 경제적 불안에서
비롯된 쇼크 상태, 자본의 또 다른 약탈 행위들은 약물로부터의 해방
대신 그로부터 보상을 찾게 만든다. 완전한 해독이란 이처럼 광범위한
의미의 문화적 환경 피해와의 대면과 인정을 의미한다.

말리부의 재활 센터들은 가지고 있던 임상적 경향을 통해 확장된 피해
영역에 대응하려 한다. 이들 센터에서 우리는 동시대 치료 문화의
확대 상과 더불어 정체성, 도덕, 그리고 오염의 결과에 관한 재검토가
이루어지는 모습을 볼 수 있다. 여기에서 개인의 성장—과잉에 맞서,
동시대의 트라우마와 피해의 형식에 맞서 훈련된—은 에설런의 치료
혁명과 결별하는 동시에 다시금 그것을 불러들인다. 이탈리아와
로스앤젤레스 상공의 약물성 대기처럼, 이런 클리닉은 여전히 미국
서부 해안에 깃든 환각적 기질의 흔적을 전한다. 그곳의 풍경은
일상적인 임상의 활용 대상, 그리고 뿌리 깊게 내린 환각적 대상의
지위를 오가며, 클리닉들은 이를 고려하여 자기돌봄의 기법을
다듬어간다. 이들 클리닉은 1960년대와 1970년대의 초창기 요양소들이
남긴 빛나는 치료적 환각의 유산에서 생기를 얻는 동시에 오염된다.
이 섬광 혹은 플래시백을 통해 우리는 임상 치료 공간 안에서 일어난
개인적 향상의 경제로 조직된 변형된 지각의 역사를 볼 수 있다. 독소와
해독의 회로는 환각적 시각, 그리고 정화와 책임감의 임상 영역 사이를
움직인다. 그것은 환경오염과 분자 혁명의 해방적 약속, 의식의 지배를
순회하며 각각을 연결 짓는다.

이 글의 일부는 '디톡스 USA'를 위해 집필되었다. '디톡스 USA'는 제3회 이스탄불 디자인
비엔날레의 연구 및 전시 프로젝트로, 플로렌시아 알바레스 파체코Florencia Alvarez Pacheco와
마르코스 산체스Marcos Sanchez와 함께 진행했다.

홍성욱

자폐 소년, 소통하는 기계

1950년대에 당시 유명했던 미국의 정신과 의사 브루노 베텔하임Bruno Bettelheim은 자폐증에 걸린 '조이Joey'라는 소년을 치료했다. 주변 세상과의 대화나 접촉을 끊어버린 조이는 스스로를 기계 로봇이라고 생각했다. 그는 침대에 복잡한 기계장치를 만들고 그것에 자신의 몸을 연결해야 잠을 잘 수 있었다. 그는 기계장치가 가득한 집, 고립된 엘리베이터, 자동으로 움직이는 자동차 등을 그림으로 그렸고, 이런 그림들은 그가 스스로 기계의 정체성을 가지고 있었다는 베텔하임의 진단과 일치한다. 조이를 치료한 베텔하임은 그에게 인간의 감정이 두려운 것이 아니라는 점을 서서히 알게 해주었고, 그 결과 조이가 기계적 정체성을 몰아내고 인간성을 회복하면서 자폐증을 극복했다고 보았다. 상태가 호전되면서 조이의 자동차 그림에는 운전자가 등장했고, 기계 외에 자연과 같은 대상도 그리기 시작했다. 베텔하임의 논문 마지막은 자폐증을 극복한 조이가 "감정이 무엇보다 더 소중하다"라고 적힌 피켓을 들고 현충일 기념식에 참석한 장면으로 마무리된다.

나는 이 사례를 재해석해보려 한다. 1950년대 당시는 인간과 기계가 대립적인 존재로 간주되던 시기였다. 물리학의 비유를 들어서 말하자면, 인간성humanity과 기계성technicity의 합은 일정하기 때문에 기계가 더 자율적이 되면 인간성은 위축된다고 생각되었다. 따라서 소년 조이를 지배했던 기계성은 그의 인간성을 질식시켰고, 이는 그를 자폐증으로 몰았다고 해석되었다. 나는 당시의 기록들을 지금 포스트휴먼 시대의 탈-인간중심주의post-anthropocentrism의 관점과 행위자-네트워크 이론actor-network theory의 관점에서 새롭게, 그리고 비판적으로 읽음으로써 이 사례를 재해석할 것이다.

1950년대 후반에서 1960년대 후반에 걸친 시기로 돌아가 보자. 당시에는 자폐 아동을 가리킬 때 자폐증이라는 용어 대신에 소아 정신분열 child schizophrenia이라는 용어가 더 많이 사용되었다. 사실 '정신분열'(지금은 조현병이라고 불린다)은 당대를 특징지었던 말이다. 당시 널리 읽혔던 철학자 에리히 프롬 Erich Fromm은 "19세기 비인간성은 잔인성을 의미했지만, 20세기에 그것은 정신분열증적인 자기소외를 의미한다"라고 했다. 오스트리아 철학자 귄터 안데르스 Günter Anders는 『불타는 양심 Burning Conscience』(1962)이라는 저서에서 핵무기로 인한 대량 살상이 가능하다는 현실이 사람들을 정신분열로 몰아넣었고, 그 결과 사람들은 '고립되고 부조화적인 존재'처럼 행동한다고 개탄했다. 그가 이런 생각을 하게 된 데는 그가 만났던 클로드 이덜리 Claude Eatherly 소령의 영향이 컸다. 이덜리 소령은 히로시마에 원자폭탄을 투하했던 '히로시마의 영웅'이었는데, 전쟁이 끝난 뒤에는 자살을 시도하고 절도 혐의로 구속되는 등 영웅과는 사뭇 다른 행동을 하다가 정신분열증 진단을 받았다. 안데르스는 이덜리와 편지를 교환하면서, 이덜리의 정신분열증이 분열적인 사회에 의해서 초래된 결과라고 생각하게 되었다. 원자폭탄을 투하해서 수만 명의 민간인을 살해했으면 죄책감에 시달리는 것이 당연한데, 미국 사회는 그를 미국에 승리를 가져온 영웅으로 떠받들었기 때문이다. 이 상충되는 메시지 사이에서 고뇌하다가 이덜리의 정신분열이 발발했다는 것이 안데르스의 해석이었다. 이에 따르면, 이덜리가 '전쟁 기계'라는 거대 기계 megamachine의 톱니바퀴 역할을 그만둘 수 있는 유일한 방법은 정신분열증의 상태로 침잠하는 것이었다.

당시 미국 시민들 역시 상충되는 메시지를 계속 받고 있었다. 1957년에 헨리 키신저 Henry Kissinger는 『핵무기와 대외 정책 Nuclear Weapons and Foreign Policy』이라는 책에서 소련과의 제한적인 핵전쟁이 치러질 수 있고 미국은 여기에 대비해야 한다고 했다. 랜드 연구소의 핵 전략가 허먼 칸 Herman Kahn은 소련과의 핵전쟁이 발발하면 미국에서 약 6천만 명의 사망자가 생기지만, 미국은 전쟁에서 승리할 수 있고, 승리한 뒤에 빠르게 사회를 재건할 수 있다고 주장했다. 그는 핵전쟁도 다른 전쟁과 마찬가지로 하나의 전쟁일 뿐이며, 핵전쟁을 피해야만 한다는 생각을 버려야 한다고 강조했다. 반면에 여러 존경받는 과학자들은 전면적인

핵전쟁이 인류의 절멸을 가져올 수도 있는 위험한 도박이라고
경고했다. 살아도 죽은 것만 못한 히로시마 원폭 생존자들의 비참한
삶에 대한 보고서도 출판되었다. 양쪽은 다 '과학의 권위'를 가지고 말을
하고 있었다. 대체 누구의 메시지가 참인가?

1950~60년대에 정신분열증은 사이버네틱스와 커뮤니케이션 이론의
용어로 이해되었다. 노버트 워너Norbert Wiener의 사이버네틱스의
영향을 강하게 받았고 워너가 주관한 메이시 학회Macy Conference에
참석했던 그레고리 베이트슨Gregory Bateson은 '이중 구속double
bind'이라는 개념을 창안해서 정신분열증을 이해했다. 그는 정신분열증
환자 가족의 의사소통을 연구해서 이 이론을 주장했는데, 간단히
얘기하자면 이중 구속이란 서로 정반대의 의미를 갖는 메시지가 한
사람에게 계속 가해지는 상황을 의미한다. 널리 회자된 사례로는
엄마가 아이에게 "사랑해"라고 하면서 냉담하게 야단을 치는 경우다.
이런 메시지를 계속 받다 보면, 아이는 이 상충되는 메시지 중에 어느
것이 진짜 메시지인가를 이해할 수 없게 되고, 혼란 상태에 빠지게 되며
심하면 정신분열증을 겪게 된다는 것이다. 사이버네틱스의 용어를
사용하자면 입력input과 출력output 사이에 있는 피드백 루프 회로가
고장 난 경우에 해당된다. 메시지는 안정화되지 못한 채, 엉망으로
엉켜버리는 상황이 된다.

시카고 대학교의 '정서불안 아동을 위한 대안학교Orthogenic School
for Disturbed Children'의 소장 베텔하임은 베이트슨의 '이중
구속' 이론을 더 대중적인 이론으로 바꾸었다. 베텔하임은 자식이
'없었으면 좋겠다'라고 생각하는 냉정하고 냉담한 엄마에 의해서
아동 정신분열증이 생긴다고 주장했다. 그의 이론은 흔히 '냉장고
엄마 이론Refrigerator Mother Theory' 혹은 '정신분열증을 만든 엄마
이론Schizophrenogenic Mother Theory'이라고 불린다. 일반적인
가정에서는 권위 있는 아버지의 존재가 이런 엄마의 냉담을
상쇄시킨다. 그렇지만 당시 미국에서는 전쟁에서 사망하거나 육체적,
정신적 부상을 입은 아버지들이 많아지면서 이런 권위를 유지할 수가
없었고, 따라서 자식과 감정적인 연대를 맺지 않는 냉담한 엄마들의

나쁜 영향이 아이들을 정신병으로 몰아넣었다는 것이다. 베텔하임의
이론은 큰 센세이션을 불러일으켰지만, 1960년대 중엽부터 비판을
받기 시작했다. 자폐 아이를 가진 심리학자이자 정신과 의사
림랜드Bernard Rimland는 자신의 경험과 연구를 바탕으로 한 책
『유아 자폐증Infantile Autism』(1964)에서 자폐증이 냉정한 엄마와
무관하다는 것을 설득력 있게 주장했다. 그렇지만 베텔하임의 냉장고
엄마 이론은 오랫동안 자폐증에 대한 보통 사람들의 관념을 지배했다.

베텔하임이 냉정한 엄마를 어린이 자폐증(정신분열증)의 원인이라고
비난했던 글 중 하나는 대중적으로 큰 관심을 끌었다. 그 글이 많은
독자를 가진 『사이언티픽 아메리칸Scientific American』에 실렸고,
스스로를 로봇이라고 생각하는 매우 특이한 자폐아 조이의 이야기를
다룬 것이었기 때문이다. 여기서도 베텔하임은 조이의 엄마가
정신병의 원인이라고 진단했다. 베텔하임에 의하면 그녀는 자신이
임신했다는 것도 몰랐고, 아이가 태어난 것에 대해 아무런 감흥도
느끼지 못했다. 조이의 아버지는 젊은 참전 군인이었고, 역시 아이를
키우는 일에 무관심했다. 아이는 내내 울었고, 부모들은 정해진
시간에 밥을 먹이는 것을 제외하고는 아이를 울도록 방치했다. 조이의
엄마는 아이가 기저귀를 떼도록 매우 엄격한 배변 훈련을 시켰는데,
이것이 결국 그녀의 시간을 절약해줄 것이기 때문이었다. 조이는
말을 시작하는 나이에 이미 선풍기 같은 기계에 호기심을 가지고
이를 분해하는 데 재주를 보였지만, 다른 사람과 대화하는 대신에
자신에게만 얘기를 하기 시작했다. "조이를 기계적으로 대함으로써
조이의 부모는 그를 기계로 만들었다"라고 베텔하임은 분석했다.
조이는 베텔하임의 이론에 딱 들어맞는 사례였던 것이다.

조이는 일반 학교에 적응하지 못해서 시카고 대학교의 대안학교에
왔는데, 처음 왔을 때부터 자신이 눈에 보이지 않는 전기
에너지원으로부터 전기 에너지를 공급받고 있다고 생각했다. 그는
전원에 전기를 연결해야만 자신이 살 수 있다고 생각했고, 이런 전원이
있는 테이블 근처에서는 자신의 몸을 냅킨 등으로 절연시켰다. 다른
학생들은 이런 가상의 전선들을 밟지 않기 위해서 조심해야 했다.

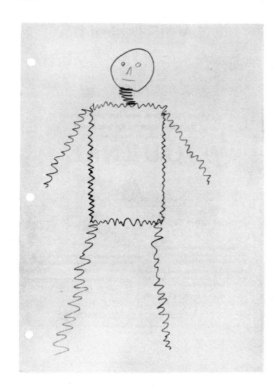

조이의 자화상

조이는 침대 주변에 튜브나 모터 등을 장치해 놓았으며, 자신의 몸을
이런 장치들과 연결시킨 채로 잠을 잤다. 그는 사람들과 대화할 때는
상대방의 이름을 부르지 않았지만, 이런 기계 부품 각각에 이름을
붙여서 불렀다. 그는 기계가 자신을 통제하고 자신에게 명령을
내린다고 믿었다. 그의 기계 중에는 '비판자criticizer'가 있었는데, 이
기계는 불쾌한 감정이 들지 않게 막아주는 기계였다.

조이가 스스로를 기계라고 생각한다는 것은 다른 사례에서도
분명했다. 그는 무엇인가를 잊어버리거나 실수를 했을 때는 자신의
뇌가 기계로 대체되어야 한다고 생각했고, 뭔가를 흘렸을 때는 잘
작동하지 못한 자신의 팔을 부러뜨려야 한다고 했다. 베텔하임은 그가
기계적인 몸만이 아니라 기계적인 감정까지 가지고 있다고 보았다. 즉

조이는 조금 가까워졌던 아이에게 퇴짜를 맞았을 때 "그가 내 감정을
부러뜨렸어He broke my feelings"라고 말했는데, 베텔하임은 이런
용법이 그가 감정을 마치 기계장치 비슷한 것으로 생각했다고 본
것이다. 조이는 복잡한 기계장치들을 만들었다가 갑자기 이를 부수고
조금 뒤에 다시 만들기 시작하곤 했는데, 베텔하임은 이런 파괴적인
행동이 기계의 정체성을 벗고 잠깐 동안 인간의 정체성을 회복한
것이라고 해석했다. 그렇지만 다시 기계장치를 만들고 쌓는 행위에서
보듯이, 그가 인간으로 존재했던 시간은 그렇게 길지 못했다.

베텔하임의 치료는 조이가 기계 없이도 무슨 일인가를 혼자서,
자율적으로autonomous 할 수 있음을 가르치는 것부터 시작했다. 그
시작은 배변이었다. 조이는 화장실에 갈 때 자신의 배변을 가능케
하는 진공 튜브를 가지고 가서 이를 벽에 붙인 채로 붙잡고 있어야
했는데, 화장실에 가는 대신에 간이 이동식 화장실을 쓰게 함으로써
결국 튜브의 도움 없이도 배변을 보는 단계에 도달했다. 이를
기점으로 조이는 조금씩 세상과 관계를 맺기 시작했고, 그러면서
자신을 둘러싼 기계적 환경에서 스스로를 점차 분리시킬 수 있었다.
그는 많은 그림을 쏟아냈는데, 상태가 좋아지면서 그는 자신을
둘러싼 (베텔하임의 해석에 의하면) '기계 자궁mechanical womb'을
통제하는 '손'을 그렸고, 자동차를 그릴 때도 자율적으로 주행하는
기계 자동차에서 수동적인 인간을 태운 자동차를 거쳐서 인간이
통제하는 자동차를 그리게 되었다. 베텔하임은 조이가 자신이
허망하게 잃어버린 시절 때문에 망연자실하는 때는 있지만, 그가
다시는 '기계적 삶mechanical life'으로 돌아가고 싶어 하지 않는다는
점을 강조했다. 무엇보다 조이는 기계에는 없는 인간의 감정을
포용하기 시작했다. 이후 그는 완전히 치유되어 "감정이 무엇보다 더
소중하다"라고 적힌 피켓을 들고 야외 행사에 참여했다. 조이에 대한
베텔하임의 논문은 이 에피소드로 끝난다.

베텔하임은 1967년에 출판한 『빈 성채Empty Fortress』에서 자폐증에
걸린 아이들을 수용소에 갇힌 죄수와 비슷한 존재로 묘사했는데,
이런 묘사는 그 자신이 1938~39년에 다하우Dachau 강제수용소와

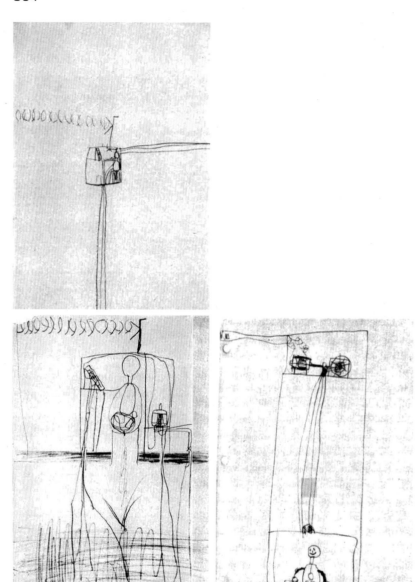

조이의 그림. 작은 방 안에 갇혀 있는 자신의 모습

부첸발트Buchenwald 강제수용소에 갇혔던 경험의 반영이라는 것이
일반적인 해석이다. 조이에 대한 기록과 그 해석에도 세상에 대한 그의
관점이 투영되어 있을 수 있다. 앞의 그림은 소년 조이가 그렸지만,
조이와 그를 가르치던 교사의 공동 창작으로 보는 것이 더 정확할 수
있다. 그림이 그려진 과정과 이에 대한 해석에 베텔하임의 주관적
견해가 깊이 개입했다는 것이다.

그가 자폐 아동을 치료하고 기록을 작성했던 1950년대는 인간과
기계가 대립적인 존재로 간주되던 시기였다. 인간성과 기계성은 서로
대립적인 존재여서 기계가 더 자율적이 되면 인간성은 위축된다고
생각되었다. 당시 미국 사회에서 널리 읽힌 자크 엘륄Jacques Ellul의
『기술 사회The Technological Society』(1954)는 당시 기술 사회가
노동자들의 기계화와 '범용 수용소'의 건설을 진행하고 있다고
진단하면서, "기술적 자율성 앞에 인간의 자율성이란 존재하지
않는다"고 주장했다. 수용소라는 거대한 기계 속에서 극단적인
비인간화를 경험했던 베텔하임에게 기계란 인간성을 말살시키는
존재였다. 따라서 소년 조이를 지배했던 기계성은 그의 인간성을
질식시켰고, 이는 그를 자폐증으로 몰았다고 해석한 것이다. 그렇지만
지금 우리는 인간성과 기계성을 이렇게 상반된 것으로 보지 않는다.
우리는 인간성과 기계성은 상반되기보다는 상보적이며, 인간과
기계의 하이브리드는 새로운 가능성과 제약을 낳고, 혼자서는 할
수 없는 일을 하게 해준다고 생각한다. 인간과 기계가 만들어내는
복잡한 네트워크는 블랙박스black-box와 같은 하나의 인공물로
접혔다가folding 다시 열렸다unfolding 하는 과정을 반복한다고 본다.
이렇게 봤을 때 조이의 경우는 어떻게 해석될 수 있을 것인가?

조이가 자신과 자신의 방을 그린 그림 중 디테일을 볼 수 있는 두번째
그림을 보자. 베텔하임은 조이가 '기계 자궁'을 그렸다고 생각했다.
그렇지만 그가 그린 것이 기계 자궁일까? 그는 어디엔가 쭈그려 앉아
있는 것 같은데, 몸속에 그린 창자 같은 기관과 무엇인가 몸에서
밖으로 배출되는 것 같은 그림의 하단부를 함께 볼 때 배변 장면을
그린 것이 아닌가 생각된다. 배변은 그가 기계와 가장 실질적으로

접하는 일상적인 과정이었다. 그는 벽에 연결된 튜브와 자신의 몸을 연결시켜서 변을 밀어내는 에너지를 받아야만 배변을 할 수 있었다고 기록되어 있는데, 벽 쪽에는 라디오(혹은 팬이나 TV)처럼 생긴 기계(왼쪽), 전기 도선들, 그리고 이에 전력을 공급하는 모터(오른쪽) 같은 것이 있고 이 모든 것들은 전선으로 연결되어 있는 것처럼 보인다. 그리고 방에 앉아 있는 어린아이는 손을 뻗어 이런 전선과 자신을 연결하고 있는 것처럼 보인다(이는 첫번째 그림에서도 마찬가지다). 베텔하임은 이 방이 세상에서 단절되어 있고 무선으로 에너지를 공급받는다는 점에 주목하는데, 그가 그린 무선장치가 에너지를 공급받기 위한 것인지, 혹은 라디오나 TV 같은 장치에 시그널을 주는 것인지는 분명치 않다.

세번째 그림은 조이의 '자궁'이 유선을 통해 에너지를 공급받을 정도로 세상과 연결되어 있고, 그 역시 주변 환경을 통제하는 팔을 가지게 되었음을 그린 것일까? 그는 기계 자궁에서 새롭게 태어나고 싶다는 욕망을 표현한 것일까? 그림을 자세히 보면 그가 자신의 몸에 위와 창자 같은 소화기관을 그렸고, 오른쪽에 작은 걸침대를 그린 것으로 보아서, 이 역시 화장실을 그린 게 아닌가 추측된다. 과거의 그림과 다른 점은 그가 그린 기계장치가 그의 배변과 직접 연결되어 있지 않다는 것이다. 그런데 흥미로운 사실은 기계가 없어지지는 않았다는 것이다. 모터와 팬처럼 보이는 기계는 조이의 공간 외부에서 그 공간을 지탱하거나, 거기에 에너지를 공급하는 것처럼 보인다. 조이의 환경은 아직도 기계에 의해서 지탱되며, 조이의 오른손은 이런 환경에 맞닿아 있다.

베텔하임이 제시한 조이의 세 가지 '자동차 가족Carr Family' 그림을 보자. 베텔하임은 이 그림들이 '증가하는 자율성'을 보인다고 해석했다. 첫번째 그림에는 사람이 없지만, 두번째 그림에는 수동적인 사람이 있고, 마지막 세번째 그림에는 차를 통제하는 능동적인 사람이 등장한다. 그런데 이 그림들은 자동차가 아니라 전차를 그린 것으로 보인다. 그림에는 110V, AC, DC 같은 전기 기호들이 표시되어 있다. 그렇다면 우선 아이가 그린 전차에 운전자나 조종자가 없는 것은 크게 이상한 게 아닐 수 있다는 점을 생각해야 한다. 일반 자동차와 달리

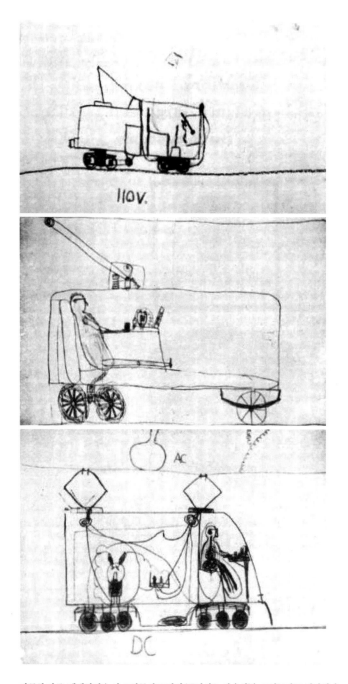

자동차 가족. 베텔하임은 이 그림들이 조이의 '증가하는 자율성'을 보여준다고 해석했다.

전기 암탉. 닭과 자동차의 잡종적 존재의 모습을 하고 있다.

(특히 아이들에게) 전차는 전기로부터 동력을 받아서 스스로 움직이는
것처럼 보일 수 있기 때문이다. 그리고 두번째 그림에서 차 뒤에 앉아
있는 운전자를 수동적인 자아로 해석하는 것도 충분히 설득력 있지는
않은데, 그 이유는 실제 자동차나 전차 중에서 이런 방식으로 운전을
하는 경우도 있기 때문이다.

조이가 그린 첫번째 자동차(전차)와 비교해 볼 수 있는 것은 그가 그린
'전기 암탉 Hen Electric'이다. 이 전기 암탉은 마치 스스로 움직이는
전기 자동차처럼 그려졌으며, 조이는 이 전기 암탉이 '전기 태아electric
fetus'를 배 속에 품고 있다고 생각했다. 조이가 그린 '자동차 가족' 중
첫번째 그림은 다른 두 개의 그림보다 전기 암탉과 더 유사성이 큰
것처럼 보인다.

베텔하임은 자동차 가족에서 세번째 그림이 조이가 기계에 대한
통제권을 다시 획득하고 완전한 자율성을 찾았음을 보여주는
그림이라고 해석했다. 그런데 이 그림에서는 자동차와 사람 외에 또
다른 존재가 등장한다. 자동차의 뒷부분 박스 안에 있는 전차로부터
전기를 끌어 쓰는 듯한 또 다른 기계장치가 그것이다. 이 기계장치는
보는 사람에 따라서 동물의 모습으로 보이기도 한다. 이것은 무엇일까?
베텔하임은 물론 베텔하임을 비판하는 사람들도 이에 대해서는
자세한 얘기를 하지 않았다. 다만 베텔하임은 조이가 과학기술
박물관에서 인공 달걀 부화기를 본 뒤에 자신의 침대에 부착된 튜브를
다시 배치했고, 책상 밑에 들어가서 닭이 알을 낳는 시늉을 한 뒤에
자기가 닭처럼 "알을 낳고 그것을 깨고 새로 태어났다I laid myself as an
egg, hatched myself, and gave birth to me"라고 외쳤다는 것을 기술하고
있다. 조이는 세번째 자동차를 '헤니건 왜건hennigan wagon'이라고
불렀는데, 베텔하임은 hennigan이 hen-I-can, 즉 '나는 암탉이 될 수
있다I can (be) hen'라는 의미라고 해석했다. 이는 '나는 알을 낳을 수
있다'라는 뜻으로 확대될 수 있다.

이런 여러 상황을 종합해보면, 조이가 그린 세번째 그림은 전기로
작동해서 일정 온도를 유지하는 달걀 부화기로 보는 게 적절하다.
아이들이 집에서 만들 수 있는 달걀 부화기는 보통 전구를 달아서
온도를 유지한다. 조이의 그림에서 전차, 달걀 부화기, (조이
자신이라고 해석되는) 운전자는 모두 전선으로 연결되어 있다.
따라서 그가 그린 자동차는 글자 그대로 거대한 달걀 부화기이며,
그는 기계로부터 자율성을 획득했다기보다는 기계를 이용해서 인간
혼자서는 할 수 없는 부화를 생각하게 되었다고 해석할 수 있다.

베텔하임은 기계가 인간성을 앗아간다고 믿던 시기에 살았다. 그는
다음과 같이 말했다.

> 이 기계 시대에 전적으로 새로운 것은 구원자나 파괴자가 종종 인간의
> 이미지를 하지 않았다는 것이다. 현대의 전형적인 환영은 '영향을 미치는
> 기계influencing machine'에 의해서 조종당하는 것이다. [……] 기계

세상에서 인간의 환영은 기계가 우리를 위해, 혹은 우리에게 무엇을 할 수 있는가에 대한 우리의 희망과 공포의 반영인 것이다.[1]

그는 조이가 기계에 집착하는 이유가 이것 때문이라고 생각했다. 그런데 조이는 학교를 떠나고 3년 뒤에 이루어진 인터뷰에서 기계에 의해서 조종당한 것과는 전혀 거리가 먼 얘기를 했다. 그는 기계에 빠진 이유를 묻는 질문에, 기계가 "돌아가는 날개를 가졌고" "자신이 지능이 있다는 것을 보일 수 있는 방법이며" (기계가 아닌 척한다면) "사람들이 자신을 독립적으로 생각할까봐 두려웠고" "여러 형태를 기계의 부품에 있는 형태에서 찾을 수 있었기 때문"이라고 답했다.[2] 인간과 기계의 대립은 조이의 답변보다 베텔하임의 해석에서 더 크게 찾아진다.

조이에 대한 기록은 베텔하임이 남긴 분석 외에는 전무하다. 따라서 이 글에서의 해석은 베텔하임의 텍스트를 다른 시각에서 재해석하는 데 국한될 수밖에 없었다. 그럼에도 불구하고, 우리는 조이에 대한 베텔하임의 분석은 그가 살던 시절의, 또 그가 경험한 기계에 대한 이미지가 투영된 것임을 알 수 있었다. 지금 우리는 인간성과 기계성을 이렇게 상반된 것으로 보지 않는다. 오히려 인간성과 기계성은 상보적이며, 이 둘의 관계는 '제로섬 게임'이 아니라 '포지티브섬 게임' 혹은 '윈윈 게임'에 더 가깝다고 본다. 이렇게 볼 경우에 조이에게서 나타난 인간과 비인간의 관계는 서로 대립하고 싸우는 관계가 아니라, 서로 결합해서 새로운 가능성을 지닌 하이브리드를 만든 것이라고 해석할 수도 있다.

조이는 어떤 주체였는가? 내가 이 글을 통해 새롭게 해석한 조이는 기계라는 대상에 의해서 소외된 주체라든가, 아니면 기계라는 외피를 벗어버리고 인간성을 회복하기 위해 몸부림치던 소년이 아니라, 기계와의 결합을 통해 세상에 새로운 가능성을 창조해내려고 했던

---

1   Bruno Bettelheim, *The Empty Fortress: Infantile Autism and Birth of the Self*, Glencoe: Free Press, 1976, p. 234.

2   같은 책, pp. 336~37.

주체로 간주할 수 있다. 인간 세상과 적극적으로 소통할 무렵에, 그는 기계와의 연관을 끊어버렸던 것이 아니라, 이를 더 복잡하고 예측 불가능한 것으로 바꾸어버렸다. 그러면서 그의 주체성 역시 더 연결된 것으로, 더 분산된 것으로 바뀌었다. 조이는 휴머니즘을 회복한 근대적 인간이 아니라, 처음부터 포스트휴먼posthuman이었던 것이다.

참고 문헌

Bettelheim, Bruno, "Joey: A Mechanical Boy," *Scientific American*, no. 3, 1959, pp. 116~27.

────, *The Empty Fortress: Infantile Autism and the Birth of the Self*, Glencoe: Free Press, 1976.

Hong Sungook, "Man and Machine in the 1960s," *Techné*, vol. 7, no. 3, 2004, pp. 49~77(http://scholar.lib.vt.edu/ejournals/SPT/v7n3/hong.html).

하나 프록터

애도하는 투쟁

많은 이들이 주먹으로 벽을 치면 기분이 훨씬 나아진다고 이야기하지만,
손은 부러져 있다.[1]

―데이비드 워나로위츠

2017년 6월 14일, 웨스트 런던의 노스 켄싱턴 지역 고층 건물에서
화재가 일어났다. 불길은 빠르게 번졌다. 이전부터 아파트 기반의
주거 구조로 인해 건물의 유지 관리를 두고 자주 안전 우려가
제기되었고, 건물에 진행된 리노베이션의 열악한 수준에 대한 불안의
목소리가 표출되어왔지만, 그런 우려는 아무렇지도 않게 무시되었다.
화재가 급속히 확산된 이유는 비용 절감을 위해 건물 외부에 부착한
싸구려 외장재 때문이라고 여겨지지만, 주변 지역을 장래의 부동산
구매자들의 눈에 들게 하기 위해 건물의 외관을 치장한 탓으로도
추정되었다. 피할 수 있는 참사였다. 화재에 대한 지역 당국의 긴급
대처도 불충분했다. 이 화재로 80명이 사망했다고 한다. 건물 주민들이
대부분 지역 의회가 제공하는 공공주택에 사는 노동자 계급이었지만,
이 타워가 자리한 곳은 영국에서 가장 부유한 지역에 속하는 켄싱턴과
첼시 칙허구였다. 화재는 영국 사회에 깊이 뿌리 내린 구조적 불평등―
계급화되고 인종화된―을 극명하고도 비극적으로 드러냈다. 이
사건은 부유하고 무감각한 지배 계급이 빈민의 궁핍과 착취에
자신들의 부와 지위를 기대고 있으면서도, 빈곤을 철폐하거나 개선에
나서기보다, 가난한 사람들을 숨기고 옮기고 무시해서 빚어진 잔혹한

---

1   David Wojnarowicz, *Close to the Knives: A Memoir of Disintegration*, New York: Vintage
     Books, 1991, p. 203.

결과를 보여주는, 극단적이나 결코 단발성에 그치지 않는 사례였다.

화재가 일어난 지 넉 달째인 2017년 10월 14일, 생존자들에게 적절한
영구 주택을 제공하지 못한 것(을 비롯해 수많은 다른 실책)에
항의하는 침묵시위가 일어났다. 침묵시위 행진이 지나는 길목의
벽에는 다음과 같은 글귀가 적혀 있었다. "애통하는 자는 복이 있나니,
위로를 받을 것이다"(「마태복음」 5장 4절). 그러나 이 위기 사태에
보여준 정치권의 부적절한 대응과 애초에 그러한 참사를 가능케 한
중대한 과실이 애도의 과정을 가로막는다. 글귀 아래 붙은 손글씨
메모들은 어떤 위안도 찾기 힘든 생존자와 지역 주민들의 상황을
증언한다. 그토록 역력한 사회적 불평등 앞에서, 본래의 외상적 사건을
딛고 앞으로 나아갈 가능성을 품은 애도란 어떻게 해야 하는 것일까?
애통해하면서 동시에 평등을 위한 투쟁은 어떻게 이어갈 수 있는가?
치유하면서 투쟁하는 방법은 무엇일까?

*

이브 코소프스키 세즈윅Eve Kosofsky Sedgwick은 그의 에세이
「편집증적인 읽기와 회복하는 읽기」에서, "광범위한 감정의
영역을 공정하게 다룰 수 있는" 어휘를 발견하는 것이 중요하다고
강조한다. '편집증'이라는 용어는 "부정적인 감정에 대한 이론으로,
다른 부정적인 감정들 간의 차이를 그대로 남겨둔다"는 것이다.
"혼란스러우리만치 많은 이론이 겨우 한두 가지 감정만을 분명하게
확산시킨 모양새다. 그것이 황홀경, 숭고, 자기파괴, 쾌락, 의심,
비굴함, 눈치, 공포, 음울한 만족감, 지당한 분노 등 어떤 감정이든 간에
말이다." 세즈윅은 자신의 이론적 접근으로 다양하고 상반된 혹은
과잉결정된 여러 감정 상태를 다룰 수 있다고 주장한다. 하지만 이러한
접근을 설명하기에 앞서, 세즈윅은 특유의 신랄한 위트로 감정에 대한
환원론적 접근을 보여주는 여러 입장들을 풍자한다.

　　그것은 마치 오래된 농담과도 같다. "혁명 동지가 온다네. 모두가
　　날마다 로스트비프를 먹는다네." "하지만 동지, 난 로스트비프를 안
　　좋아하는데." "혁명이 온다네, 동지, 그대는 로스트비프를 좋아하게

그렌펠 타워 화재를 추모하는 침묵시위 현장

될 거야." 혁명이 온다네. 동지, 그대는 이렇게 해체된 농담에 매우
즐거워하겠지. 국가 기구를 타도하지 않는 매 순간 권태로 실신할 지경이
될 거야. 분명히 하루에 스무 번에서 서른 번 정도의 격정적인 섹스를
원하게 되겠지. 애도함과 **동시에** 투쟁하게 될 거야. "자기들, 오늘 밤은 안
되겠어. 머리가 아파서"라고 들뢰즈와 가타리에게는 절대 말하지 않겠지.[2]

내가 단지 편집증적으로 생각하는 것이 아니라면, 이렇게 간단하게
감정을 일축하는 사태는 더글러스 크림프 Douglas Crimp의 1989년
에세이 「애도와 투쟁」을 모욕하는 일이 될 것이다. 나는 운동 단체들이
그들의 사회적 환경 속에서 심리적 상처와 마주하거나 심리적 치료법을
발전시켜온 방법을 사유하면서, 크림프의 에세이로 거듭 되돌아가게
된다는 사실을 깨달았다. 크림프가 단순히 이원의 감정만을 이해하려
했다는 세즈윅의 조롱 섞인 설명과는 반대로, 크림프는 정치적 운동 및
이후의 여파에는 광범위한 감정 상태가 동반한다고 분명하게 주장한다.
그는 겉보기에 모순적인 애도와 폭력의 연결에만 주목한 것이 아니라,
"불만, 분노, 격노, 분개, 불안, 공포와 두려움, 수치심과 죄책감, 슬픔과
절망"도 심도 있게 다룬다.[3] 애도하는 투쟁이란 이처럼 장황하게
이어지는 여러 충돌하는 감정들에 대한 인정을 통해 가능하기 때문이다.

관계가 좋지 않았던 아버지가 갑작스럽게 세상을 떠난 뒤, 크림프는
슬픔을 드러내지 않고 이내 일상으로 복귀했다. 하지만 몇 주가
지나고, 그의 왼쪽 눈물샘에서 종기가 자랐고, 결국 곪아 터져 얼굴
위로 '독한 눈물'을 쏟아냈다. 그가 억압된 비탄의 신체적 발현이라
해석한 증상이 발생한 것이다. 그는 다음과 같이 썼다. "이후로 나는
무의식의 힘을 의심하지 않게 되었다. 또한 애도가 존중받아야 할
심리적 과정이라는 사실도 의심하지 않게 되었다."[4] 치유되지 못한
상실의 심리적 집요함을 증명하는 이 개인적 일화가 그의 에세이 서두에

2   Eve Kosofsky Sedgwick, "Paranoid Reading and Reparative Reading, or, You're so
     Paranoid, You Probably Think this Essay is About You," *Touching Feeling: Affect, Pedagogy,
     Performativity*, Durham, NC: Duke University Press, 2003, pp. 123~51.

3   Douglas Crimp, "Mourning and Militancy," *October*, 51, 1989, pp. 3~18, p. 16.

4   같은 글, pp. 4~5.

소개되어 있다. 크림프는 에세이의 제목이기도 한 두 가지 개념(애도와
투쟁) 간의 일견 모순적인 관계를 정면으로 다룬다. 미국 내 에이즈
확산의 맥락에서 서술하면서, 또 동료 에이즈 운동가 커뮤니티에 관해
이야기하면서(그는 뉴욕의 액트업 ACT UP이라는 단체에 관여했다),
크림프는 운동에 참여한 이들이 촛불시위와 같은 애도의 과정과 의식에
대해 '무르고, 감성적이며, 패배주의적'이고 강경한 정치 투쟁에 해가
된다고 얼마나 매도해왔던가를 설명한다.[5] 게이 커뮤니티의 사람들이
지독한 질병으로 연인이나 친구를 잃을 때, 그들은 죽음에 눈물짓기보다
삶을 위해 투쟁하라는 부름을 받았다. 그러나 크림프는 급진적인 정치
공동체 내부에서의 애도의 필요성을 강조하며, 더 중요하게는, 애도하지
않을 때 발생하는 위험에 주의해야 한다고 주장한다. 그는 "내가 이에
대해 이해하려 노력하는 까닭은 애도를 허락하지 않는 우리의 조바심이
오히려 정치운동에 짐이 되고 있기 때문이다"[6]라고 말한다.

크림프는 1917년 프로이트가 「애도와 우울증」에서 고전적으로 정의한
대로, 실제로 애도가 정치적 운동과 상극인 것처럼 보인다는 사실을
인정한다. 프로이트에게 애도란 제한된 과정이기는 해도 온 마음을 다
바치는 것으로, 이때 "다른 목적이나 다른 이해관계는 등한시된다."[7]
크림프는 프로이트가 정리한 애도라는 개념의 테두리 안에서 주장의
틀을 세우지만, 그럼에도 프로이트적 의미에서 '정상적인' 애도란
자신이 설명하는 맥락에서는 불가능하다고 말한다.[8] 크림프에 따르면,
프로이트의 이론은 공동체의 비탄 의식을 거의 다루지 않으며, 그러한

---

5   같은 글, p. 5.
6   같은 글, p. 10.
7   Sigmund Freud, "Mourning and Melancholia," *Standard Edition of the Complete Psychological Works of Sigmund Freud*, vol. 14, 1914~16, James Strachey 외(ed. & trans.), London: Hogarth Press, pp. 243~58, p. 244.
8   여기에서 크림프의 접근은 마이클 문Michael Moon이 「넝마 기념비」에서 취한 접근과 대비된다. 마이클 문은 페티시즘의 시각에서 애도를 독해할 것을 제안한다. 문은 애도를 지나치게 개인적이고 규범적으로 정의한 프로이트를 거부하지만, 글의 마지막을 장식한 월트 휘트먼Walt Whitman의 시 「상처를 치유하는 자The Wound-Dresser」에 대한 문의 해석이 근본적으로 크림프의 분석과 양립 불가능한 것은 아니다. 다음을 참고하라. Michael Moon, "Memorial Rags," *Professions of Desire in Literature: Lesbian and Gay Studies in Literature*, George E. Haggerty & Bonnie Zimmerman(eds.), New York: Modern Language Association of America, 1995, pp. 233~40.

의식이 사회적으로 차단될 가능성에 관해서도 설명하지 않는다.[9] '현실-검증reality-testing'은 애도에 대한 프로이트의 논의에서 중요한 것으로, 주체는 이를 통해 사랑의 대상을 상실했다는 사실을 인정하고 결국 받아들여, 궁극적으로 상실의 대상으로부터 리비도를 거둬들이거나 분리하게 된다. 그러나 에이즈 사태라는 맥락에서 '현실'은 중립적 경험의 배경이 되지 못하는데, 바로 미국 사회에 '사별에 대한 무자비한 간섭'이 존재하기 때문이며, 또 상실이란 받아들이고 앞으로 나아가야 할 과거의 사실이 아니라, '우리가 이런 운명을 나누게 될지 모른다'는 미래의 가능성으로 남아 있기 때문이다.[10] '사회적, 정치적 야만'과 슬픔에 대한 침묵을 강요하는 적대적이며 동성애혐오적이고 냉담한 사회 앞에서, "애도는 투쟁이 **된다**"고 크림프는 주장한다.[11] 그의 주장은 거기에서 그치지 않는다. 슬픔이 분노로 변모하는 데 공감하기는 하지만, 크림프는 이러한 과정이 의식 수준에서만 발생할 뿐, 무의식적인 대립은 미해결 상태로 남겨둔다고 말한다. 투쟁이 애도를 대체할 수는 없지만, 대신 사회적으로 강화된 비탄에 대한 부인에서 투쟁이 비롯된다. 지독한 눈물은 흐르지 않은 상태로 남아 있다. 이러한 의미에서, 투쟁은 애도를 **억압한다**.

크림프는 애도가 현실을 따를 때 완수될 수 있다는 프로이트의 생각에 의문을 제기함으로써, 애도에 대한 프로이트의 정의를 더 복잡하게 만들고 재개념화한다. 대신, 그는 주체가 외부 세계에 순응하지 않으면서 외부 세계 안에서 살아남고자 하는 과정에 참여해야 하며, 동시에 내면의 무의식적 과정이 지닌 파괴적 특성에 귀를 기울여야 한다고 주장한다. 이러한 (재)정의를 통해, 애도는 더 이상 프로이트가 규정한 '현실을 향한 경의'[12]를 수반하지 않으며, 내적, 외적인 현실에 관해 질문하고 재구성하게 된다. 크림프는 또한 프로이트가 애도에 대해 말하며 "상실에 무의식적인 것은 없다"[13]고 한 것에 의구심을 제기한다.

---

9   Crimp, "Mourning and Militancy," p. 7.
10   같은 글, pp. 8~9.
11   같은 글, pp. 9~10.
12   Freud, "Mourning and Melancholia," p. 245.
13   같은 곳.

비록 그가 에이즈 운동가 커뮤니티 내부에 존재하는 어떤 우울증적인 자기불신의 기질을 발견하기는 해도, 크림프는 우울증을 질병으로 정의하는 프로이트를 따르기를 거부할 뿐만 아니라, 이런 감정 상태가 상실 대상과의 우울증적인(그러므로 완전히 무의식적인) 관계에 기인한다고 주장하지도 않는다.[14] 크림프가 이해하기에 투쟁하는 애도는 프로이트가 정의한 (일반적) 애도와 (병적) 우울증과는 다른 것이다.

사라 슐먼Sarah Schulman이 2012년에 쓴 『마음의 젠트리피케이션』은 미국에서 에이즈가 가져온 결과들에 관한 공공의 논의 부재를 바로잡고, 여전히 만연한 대량 사망의 규모와 여파에 대한 사회적 기억상실을 극복하려 한다. 그녀는 다음과 같이 서술한다. "1980년대와 1990년대 초반에 뉴욕이나 샌프란시스코에서 살았던 동성애자는 모두 참사의 생존자이며, 아니었더라면 잊혔을 망자들의 얼굴과 흐릿해져가는 이름, 주검들을 지고 있다."[15] 슐먼은 2008년 8월 기준 뉴욕에서 에이즈로 목숨을 잃었다고 '간신히 언급된' 8만 1542명의 사망자와, 9/11 테러로 목숨을 잃고 국가적 추도 의식과 기념 장소들을 통해 공식적으로 추도된 2742명의 사망자를 대비시킨다.[16] 그녀의 분노는 망자에 대한 망각뿐만 아니라, 더 나아가 위기가 그토록 참혹한 규모에 다다르게 한 데 대해 결코 책임을 지지 않았던 정치인들의 방임에 대한 망각에까지 향한다. "로널드 레이건이 살해한 우리 친구들의 이름은 검은 대리석 기념비에 새겨지지 않는다."[17] 또한 크림프는 에이즈 확산을 악화시킨 '심각한 정치적 과실'에 관해 논하는 한편, 동성애혐오 사회가 사별의 경험을 정당하지 않은 것으로

---

14 크림프는 게이 커뮤니티에서 엿보이는 '도덕적인 자기비하'는 이기적인 우울증에 관한 프로이트의 서술과 공통점을 보인다고 주장한다(Crimp, "Mourning and Militancy," p. 12).

15 Sarah Schulman, *The Gentrification of the Mind: Witness to a Lost Imagination*, Berkeley: University of California Press, 2012, p. 45.

16 같은 책, p. 46.

17 같은 책, p. 48. 슐먼은 또한 노스캐롤라이나 주의 상원의원이었던 동성애혐오자 제시 헬름스Jesse Helms의 사례를 든다. 그는 도덕적인 이유로 에이즈 환자들에게 재정을 집행해서는 안 된다고 주장했다. 레이건과 헬름스 같은 정치인들이 조장한 '국가적으로 묵인된 폭력과 살인'에 관해서는, 다음의 글을 참고하라. David Wojnarowicz, "Do Not Doubt the Dangerousness of the 12-Inch Politician," *Close to the Knives*, pp. 138~64, p. 148.

취급하고, 게이 커뮤니티에 공감과 지원, 적절한 의료를 제공하기보다 그들을 '비난하고, 얕잡아보고, 배제하고, 비웃으며' 가한 정신적 손상을 다룬다(여기에서 그렌펠 타워 화재 여파와의 유사점이 눈에 띄게 드러난다).[18]

비인간적인 정부 정책과 태만한 사회적 실천을 밝히면서도, 크림프는 외적인 것과 내적인 것, 혹은 사회적인 것과 심리적인 것을 정확히 이분법적으로 구분해서는 안 된다고 경고한다. 즉, 크림프는 세상은 폭력적이고 부당하다고, 그러니 우리는 이런 잔혹과 불의에 맞서 싸워야 한다고 말한다. 그러나 적대적인 사회에서 폭력은 주체의 외부에 위치할 뿐 아니라, 주체의 내면, 즉 무의식의 층위에서도 작동한다. 외부의 폭력(원인)과 내부의 고통(결과)을 거침없이 하나의 선으로 이어 그리기란 불가능하다. 대신, 우리는 고통을 사회적인 것과 심리적인 것 **사이에** 계속되는 갈등에서 비롯하는 것으로 바라볼 때 더 잘 이해할 수 있다. 양자는 언제나 상호적으로 구성되며, 그 기원은 결코 하나의 시간이나 장소에 존재하지 않는다. 즉 "폭력 또한 스스로 야기하는 것이다."[19] 크림프에게, 투쟁을 통한 외부 세계의 변화에만 몰두하는 것은 무의식적 과정의 부식 효과를 해결하는 데 아무 도움이 되지 않는 일이다. 결국 운동으로 어떤 성취를 거둔다 해도, 그 무엇도 본래의 외상적 사건을 되돌리지 못한다. 여기에서 크림프는 고통의 기원과 관련해 프로이트와 빌헬름 라이히 Wilhelm Reich의 차이를 논의한 재클린 로즈 Jacqueline Rose를 인용한다. 로즈는 『시각적 영역에서의 섹슈얼리티』(1986)에서, 심리적 과정과 사회적 과정을 명확히 구분할 수 있다고(따라서 그 과정에서 무의식이 제거된다고) 상상하며 정신분석학의 정치화를 모색해온 좌익 이론가들의 오랜 경향을 밝힌다.[20]

---

18 Crimp, "Mourning and Militancy," p. 15.

19 같은 글, p. 16.

20 물론 에이즈 운동 관계자들이 반드시 좌파인 것은 아니다. 레오 베르사니 Leo Bersani의 유명한 말처럼, "다른 남성과 섹스를 원한다는 것이 꼭 정치적 급진주의의 증거는 아닌바, 이는 게이 해방 운동에서 인정하고 또 부정하는 사실이다"(Leo Bersani, "Is the Rectum a Grave?," *October*, 43, 1987, pp. 197~222, p. 205). 토니 쿠시너 Tony Kushner는 1991년에 쓴 극본 「미국의 천사: 국가적 주제에 대한 게이 판타지 Angels in America: A Gay Fantasia

역사적으로, 정신분석학에 관한 정치적 논쟁이 일어날 때마다, 단순히 내부와 외부를 대립시키는 양극화의 경향으로 나아갔다. 즉 급진적인 프로이트주의자들은 언제나 사회적인 것이 일방적으로 심리적인 고통을 야기해왔다고 주장했는데, 이는 정신이 고유의 메커니즘과 충동을 지녔음을 완전히 무시하는 것이었다.[21]

로즈의 통찰에 따라, 크림프는 모든 부정적인 감정을 외부 세계로 돌리는 것은 심리적 적대감과 고통의 경험을 **혼합시키는** 역할만 할 뿐이라고 주장한다. "모든 폭력을 외부로 돌린다면, 우리는 자신을 직면하고 우리의 양면성을 인정하며, 고통이 스스로 자초한 것이라는 사실을 이해하는 데 실패하게 된다."[22] 이처럼, 크림프는 운동가들이 (이 글의 앞에서 언급한 바 있는) '불만, 분노, 격노, 분개, 불안, 공포와 두려움, 수치심과 죄책감, 슬픔과 절망'의 감정을 인정할 수 있어야 한다고 주장한다. 또한 "둔한 무감각이나 지속되는 우울만을 느끼는 [……] 두려움으로 마비되었거나 회한에 가득 차 있고 죄의식에 사로잡힌" 사람들, 분노를 명확한 정치적 행위로 일관되게 표현하는 것이 불가능하다고 여기는 사람들의 경험에 귀 기울여야 한다고 말한다.[23] 그러나 이는 투쟁의 거부라기보다는 투쟁에 대한 광범위한 이해를 수반하는 것이다. 회한에 사로잡혀 자기 안에 숨어버린 친구와 동지를 보살피는 일은 정치적 실천의 한 형태로서, 더욱 공적인 또는 전투적인 저항으로 대체하기보다 함께 병행해야 하는 것이다.

크림프는 애도의 필요성을 인정하는 투쟁을 요구하면서 다음과 같이 글을 마무리한다.

---

on National Themes」를 통해 미국 공산주의와 게이 해방 투쟁의 관계에 대한 질문을 던졌고, 이는 작품에서 핵심적인 역할을 한다. 이 극본에는 로젠버그 부부(줄리어스와 에셀)의 재판에서 그들을 기소했던, 매카시 시대를 대표하는 악명 높은 변호사 로이 콘Roy Cohn을 각색한 인물이 등장한다. 로이 콘은 클로짓 게이였으며, 1986년 에이즈로 사망했다.

21 Jacqueline Rose, *Sexuality in the Field of Vision*, London: Verso, 1986, p. 10.

22 Crimp, "Mourning and Militancy," p. 17.

23 같은 글, p. 16.

투쟁이 위험한 부인의 수단이 될 수 있다고 해서 결코 운동이 부당하다는
뜻은 아니다. 우리는 당연히 사회로부터 받은 이루 말할 수 없는 폭력과
맞서 싸워야 한다. 그러나 한편으로 폭력이라는 것이 우리를 사회의
일원으로 만들어내는 지극히 정신적인 메커니즘을 통해 끔찍한 이익을
거두기도 한다는 점을 이해한다면, 우리는—분노와 더불어—공포와
죄책감, 깊은 슬픔을 인식할 수 있을 것이다. 투쟁은 물론이지만, 애도
역시 마찬가지다. 애도와 투쟁mourning and militancy인 것이다.[24]

크림프가 에세이의 제목과 마지막 문장에서 '와and'라는 접속사를
쓴 것은 애도와 투쟁이 서로 다르면서 평행적인 과정이라고 암시할
위험도 있지만, 크림프는 사실상 두 용어를 모두 재개념화하고 있다.
「애도와 투쟁」은 일종의 애도적 투쟁, 즉 수많은 감정적 요소들—
슬픔과 분노, 보살핌과 슬픔, 공동체성과 자기침잠 등—로 표현할
수 있는 투쟁을, 또한 정신적 상처에 귀 기울이는 동시에 급진적으로
사회를 변화시키는 투쟁을 지지하며 마무리된다.

에필로그

에이즈 위기에 응답하는 운동과 유사한 방식으로 죽음과 씨름한
정치운동은 거의 없다. 그럼에도 크림프는 다른 운동 환경에서
나타난 경건하고 도덕적인 경향에 대해 사유해야 한다고 주장한다.
실제로 크림프는 노동운동가인 조 힐 Joe Hill이 말한 유명한 구절을
인용하면서, 이러한 연결고리를 만들고자 한다. "애도하지 말라!
조직하라!"[25] 그는 급진적인 정치운동 내부에서 반복되어온 경향, 즉
부정적인 감정이 집단의 대의에 해가 된다며 묵살하거나, 불안, 고통,
절망, 침잠 같은 감정을 제멋대로라거나 정치에 무관심한 것으로
취급하는 경향을 분명하게 짚어낸다. "단조로운 상태로 한결같이
지루한 소리를 내는 애통"이라는 프로이트의 설명을 떠올리게 하는 이

---

24   같은 글, p. 18.
25   같은 글, p. 5.

반복은, 그러한 경험이 끈질기게 계속되는 것이며 이를 인정할 필요가 있음을 시사한다.[26] 프로이트의 견해에 따라, 크림프는 자신이 생각하는 애도의 과정이 문자 그대로의 죽음뿐만 아니라 이상의 죽음(크림프의 경우, 제약 없는 성적 표현이라는 약속의 죽음)까지 아우른다는 점을 분명히 밝힌다. 다른 역사적 순간이나 정치운동의 여파와 관련하여 가장 일반적으로 생각하는 것이 이 후자의 애도 형식이다(물론 실제의 주검—종종 국가에 의해 사망한 사람들의 주검—이 다른 형식의 정치 투쟁에 부재하지는 않는다). 사람들의 정치적 이상이 정치운동과 함께 붕괴하는 것이 아니라고 가정한다면, 패배의 과거란 그저 뒤에 남긴 채 헤치고 나아가야 할 무엇이 아니라, 미래에 희망과 형체를 부여할 수 있는 연대의 기억이자 공유된 신념이 될 것이다.

시몬 베유Simone Weil의 『중력과 은총』은 귀스타브 티봉Gustave Thibon이라는 신부가 베유의 사후에 엮어 낸 책으로, 베유는 친구였던 그에게 자신이 쓴 기록들을 맡겼다고 한다. 이 책에서 티봉은 그렌펠 타워 화재 현장 인근 벽에 낙서되어 있던 그 성서 구절을 언급했다. "애통하는 자는 복이 있나니, 위로를 받을 것이다." 티봉은 베유의 글에 각주를 달아 그녀의 의견이 성서와는 달라 보인다고 우려를 표했다. 베유는 다음과 같이 말했다.

> 인간의 고통은 시간에 희석되지 않는다면 참아낼 수 없을 것이다. 우리는 고통이 희석되지 않도록 막아야 한다. 그것이 견딜 만한 것이 **되지 않도록 말이다.** "그리고 비참함이 제 눈물을 실컷 맛볼 때"(『일리아드』)—이것이 최악의 고통을 견딜 수 있게 만드는 또 다른 방법이다. 위로를 받지 않으려면 울지 않아야 한다.[27]

고통이 존재하는 한 개인적 위로나 나아짐은 불가능하다고 베유는 주장하고 있다. 불평등이 지속되는 한 애도의 과정은 종결되어서는 안 된다. 베유에게 울음이란 수용을 내포하는 것이다. 애도는 불평등을

---

26   Freud, "Mourning and Melancholia," p. 256.

27   Simone Weil, *Gravity and Grace*, Emma Crawford & Mario von der Ruhr(trans.), London: Routledge, 2002, p. 14.

희석시킨다. 그녀의 입장은 비타협적이다. 베유는 타인의 경험과 고통을 완전히 헤아릴 가능성을 계속해서 주장한다. 하지만 앤 카슨Anne Carson이 바라본 대로, "34살의 나이에 시몬 베유를 죽음으로 데려간 그러한 유의 도덕적 극단주의를 권하기는 어렵다. 고결함이란 평범한 역사 속으로 분출한 절대적인 것으로, 우리는 그에 분개한다."[28] 반면, 크림프의 글은 절대적인 것을 거부하고 대신 삶을 이어갈 방법을, 고통을 끝내라는 요구를 희석시키지 않으면서 위로를 줄지 모를 울음의 방법을 찾으려 한다. 견디기 힘든 상황이고, 설사 그 모두를 무너뜨리고 싶다 해도, 그 안에서 애도할 방법을 찾아야 한다. 그러니 애도는 물론이고, 투쟁도 마찬가지다. 애도하는 투쟁mournful militancy인 것이다.

---

28 Anne Carson, "Decreation: How Women Like Sappho, Marguerite Porete, and Simone Weil Tell God," *Common Knowledge*, vol. 8, no. 1, 2002, pp. 188~203, p. 203. 나는 다음의 글에서 베유에 관해 좀더 상세하게 서술했다. Hannah Proctor, "Rub it Better Til It Bleeds," *How to Sleep Faster #7*, London: Arcadia Missa, 2017.

3부

가소성

20세기 초의 예술·건축·사회 운동을 넘어, 구성주의는 하나의 역사철학이다. 요컨대 구성주의는 현재를 반직관적으로 믿는다. 기본적으로 우발적인 무엇으로서 말이다. 습관과 패턴, 가치, 사유, 믿음은 영원의 아우라를 발산하지만, 그 무엇도 고정불변한 것이 아니며, 반드시 바람직한 것도 아니다.

구성주의는 인간이 어떻게 디자인의 궁극적 대상으로 구성되고 동일시되며 정의되든지 간에 인간 자체를 다룬다는 점에서 근본적으로 인본적이다. 이런 의미에서 소비에트 건축은—즉흥적이고 예측 불가능한 방식으로 인간 신체를 지리적으로 재배치하고 역할을 재할당하는 것을 염두에 두었던 거대 국가 장치와 공조하며— 핵가족, 성별화된 노동과 같은 가부장제를 해체하고자 했다. 1인 이상이 살기에는 너무 비좁은 70평방피트(2평) 크기에 부엌이 없는 단위 주거들로 이루어진 공동주택을 만들어내는 식으로 말이다.

적어도 인간은 가소성을 지닌 존재다. 우리가 그렇지 않다고 믿고 싶은 만큼이나 인간은 변화하는 존재이며, 그러한 변화는 대개 내부가 아닌 외부에서 찾아온다. 우리가 살아가는 공간과 기후에서부터 주변을 둘러싼 사물, 정보, 사람들에 이르기까지 말이다. 인간에 관한 물음이란 단지 인간이란 무엇인가만이 아닌, 인간은 무엇을 할 수 있고 또 무엇을 해야만 하는가에 관한 질문이다. 디자인은 인간을 디자인할 수밖에 없고, 또 인간은 디자인을 하지 않을 수 없다. 디자인은 해답이며, 해답이어야만 한다. 그렇다면, 세드릭 프라이스Cedric Price의 유명한 말을 빌리자면, 무슨 질문을 해야 하는가?

카트린 말라부

반복, 복수, 가소성

'슈퍼휴머니티'에 대한 질문은 인간에게서 인간이 아닌 다른 어떤 것이 존재하고 있을지도 모른다고 전제하는 것으로, 이는 휴머니티 그 자체만큼이나 오래된 전제다. 알려진 바와 같이, 이러한 개념은 여러 차례 다시금 돌아오곤 했다. 그것은 지속적으로 철학적 전통 안에서 다뤄져왔으며, 오늘날에도 다시 제기되고 있다.

1968년 10월 뉴욕에서 열린 철학·인류학 학회에서 자크 데리다Jacques Derrida는 '인간의 끝'이라는 주제로 기조연설을 했다. 이 학회에서 그는 '인간'이라는 단어 뒤에 숨겨진 수많은 차이—국가적, 민족적, 문화적, 성적 차이—와 명시적 의미에서의 보편성 사이에 공간을 열어두는 것은 매우 어려운 일이라고 주장했다. 학회의 주최자로 연설했던 데리다는 다음과 같이 썼다.

> 특정한 시점과 특정한 정치적·경제적 맥락에서, 일부 국가 집단은 국제적 회합을 조직하여 그들의 국가를 소개하고, (최소한 콜로키움의 주최자가 상정한 것과 같은) 국가 정체성을 대표하게 되며, 그러한 회합에서 적절한 차이를 규명하고, 각 국가의 차이점 사이에서 관계를 수립하는 것이 가능하며 또한 필요하다고 판단해왔다.[1]

50년이라는 시간이 흘렀음에도, 우리는 위와 같은 문제에 여전히 직면해 있다. 나는 특정 장소에서 기인한 나의 입장, 나의 문화적 관점과

---

1 Jacques Derrida, "The Ends of Man," *Margins of Philosophy*, Alan Bass(trans.), Chicago: University of Chicago Press, 1972, p. 112.

정체성—이를테면 프랑스인, 적어도 유럽인, 철학자 등—을 분명하게
표현하라는 역설적인 명령에 필연적으로 사로잡혀 있는데, 그로 인해
나의 담론을 보편화하는 것을 피할 수 있었다. 그럼에도 나는 미지의
잠재적 청중을 이해시킬 수 있는 무엇인가를 발전시킬 수 있기를 또한
희망한다.

내가 나의 담론을 명백하게 반복, 즉 데리다의 반복reiteration으로
제시하는 것은 인간이 매우 구체적인 방식으로 반복과 연결되어
있다는 것을 입증하기 위해서다. 하지만 반복이 반드시 인간적이라는
말은 아니다. 무생물의 경우와 더불어 동물에게도 무수한 반복이
발생한다. 예를 들어 자동성, 메커니즘 등이 그렇다. 따라서 인간은 그
자체로 반복적이거나 되풀이하는 특성을 지니고 있는 것이 아니라,
반복과 매우 독특한 관계를 맺고 있다. 이는 다음처럼 공식화될 수 있을
것이다. 즉 인간은 반복에 선행하여 존재하지 않으며, 반복에 의해
구축된다는 것이다. 인간은 반복의 근원이 아니라 그 산물이다. 이렇듯
생성이 존재에 우선한다는 견해를 따른다면, 도대체 가소적 작동은
무엇이란 말인가? 우리는 이것을 슈퍼휴먼을 위한 틀로 이해할 수
있을까?

비인간적인 것(역사적으로 제기되어온 악의 문제), 인간이 아닌
것(동물이나 기계), 좀더 최근에는 트랜스휴먼이나 포스트휴먼 등을
같은 개념에 대한 다른 버전으로 볼 수 있으며, 이처럼 인간이라는
개념은 또 다른 무언가를 포함할 수 있다. 그러므로 우리는 인간을
본질에 도전하거나 그것을 해체하려는 모든 시도를 넘어서, 심지어는
그럼에도 불구하고 반복하는 자라고 말할 수 있을 것이다. 따라서
반복에 대한 '적절한' 인간관계라는 것은 그와 동시에 언제나 인간의
어떤 '적절한' 본질을 저하시키는 것이 되기도 한다.

데리다의 연설 제목으로 잠시 돌아온다면, 우리는 '인간의 끝'이라는
제목에서 '끝'의 의미를 소멸과 성취 두 가지로 읽어야 할 것이다.
인간은 비인간적이 되고 인간이 아닌 것이 되어가면서, 그리고
포스트휴먼 등이 되어가면서, 소멸 속에서 성취되고 있다. 이는 인간의

종말론적 본질을 의미하는 것으로, 그것의 파괴는 곧 진리이며, 죽음과
완성의 통합, 즉 파괴와 성취의 통합이라는 게 드러나게 된다.

심지어 데리다 자신도 니체의 전철을 밟아 새로운 인간이 도래할
것이라고 선언하면서, 반복적으로 자신의 이야기를 하곤 했다.
이러한 인간이 아닌 인간, 즉 초인 overman은 무엇보다도 그 가소적
성질에 의해 특징지어졌는데, 그것은 화신이었으며 가소성을 지닌
신체였다. 그러나 니체에게 있어서 인간 특유의 것이 있다면, 그것은
정확하게 그가 복수의 정신이라고 부른 것일 터이다. 니체에게
복수는 본질적으로 반복의 또 다른 이름이다. 보복, 복수하기, 원수
갚기는 밀어붙이고, 추동하고, 무리 지어 움직이고, 무엇인가를 좇고,
박해하는 것을 의미한다. 인간은 범죄 뒤에 복수를 시도하는 유일한
존재다. 하지만 이것은 이른바 신의 천벌과는 다르다. 신들은 인간의
행위를 벌할 수 있지만, 복수를 시도하지는 않는다. 또한 복수는
투쟁이나 싸움과는 관계가 없다. 동물들은 서로 싸우며 죽이기도
하지만, 그것은 복수에 기인한 본능 탓이 아니다. 고로 복수는
인간적인, 너무나 인간적인 특징인 것이다.

인간은 범죄를 망각할 수 없는 존재이며, 과거를 지우지도 못하고,
끊임없이 되새기는 존재다. 알다시피, 가소성은 형식을 동시에
받아들이고 전달할 수 있는 능력을 나타낸다. 따라서 무언가를 창조하는
사람—예를 들어 예술가—은 그 창조물에 의해 새롭게 만들어진다.
그러나 '플라스틱 폭탄 plasticage' 혹은 '가소적인 plastic'이라는
단어에서 알 수 있듯이, 접착제인 퍼티 putty처럼 폭발성을 지니고
있는 가소성은 자기 자신을 파괴할 수 있음을 암시하기도 한다. 따라서
우리는 모든 각각의 창조물은 동시에 이전 형태의 폭발물임을 확신할 수
있다. 이러한 내용이 각인되는 동안, 새로운 정체성을 획득한 상태에서
과거를 인식하는 것은 매우 어려운 일이 된다. 반대로 복수는 엄격하고,
변화할 줄 모르며, 동일성을 지지하는 것을 암시한다. 이처럼 본질적으로
비-가소적이며, 기계적이고, 되풀이되는 성질을 지니고 있다면, 반복은
어떻게 가소성과 같은 것이 될 수 있는가? 또한 가소성이라는 것이
폭발과 망각을 의미한다면, 그것은 어떻게 반복과 연결될 수 있는가?

이러한 역설에 답하기 위해, 우리는 우선 니체에게 복수와 반복의
정신이 어디에서 왔는지 그가 확고하게 믿었던 바, 즉 그것은 시간과의
관계에서 유래했다는 점에 대해 물어야 할 것이다. 인간은 시간에 의해
영적 상처를 받는 유일한 존재다. 만약 인간이 복수하고자 하는 것이 단
한 가지라면, 그것은 시간의 흐름, 즉 당연하게도 유한성이다. 죽어야만
한다는 것은 인간에게 가장 큰 상처다. 고로 시간이야말로 인간에게
가장 큰 범죄라 말할 수 있을 것이다. 이 점에서, 니체는 차라투스트라를
통해 다음과 같이 말한다. "시간에 대한 반감, '그러했다'에 대한 의지의
반감, 바로 이것만이 복수 그 자체다."

여기서 말하는 복수는 단지 과거에 대한 복수일 뿐 아니라, 일반적으로
시간성에 대한 분노를 의미한다. 여기서 '과거'는 '사망'을 의미한다.
복수는 인간이 시간에 대해, 사망하는 것에 대해, 일시성에 대해 갖는
의지의 반감이다. 일시성이란 의지가 더 이상 조치를 취할 수 없는 것에
대립하는 것으로, 의지가 지속적으로 충돌하는 것에 대립하는 것이다.
우리가 시간에 대하여 할 수 있는 것은 없다. 유한성은 극복할 수 없는
장애물이다. 인생은 짧으며, 돌이킬 수 없다. 이로 인해 분노의 감정이
발생한다. 우리는 우리가 바꿀 수 없는 것을 반복한다. 우리는 우리가
바꿀 수 없기에 반복한다. 휴머니티의 본질은 분노와 분열을 반복하는
것으로, 그것은 항상 너무 늦게 나타난다. 신에게는 언제나 일찍
나타난다. 동물에게 시간은 언제나 지금이다. 그러나 인간에게 시간은
"결코 더 이상은"이라고 말하는 순간의 반복이다.

경쟁, 전쟁, 이익, 노동 착취는 너무나 인간적인 것으로, 이것들은
복수 본능, 일시성에 대한 분노, 다시 새롭게 시작하기의 불가능성에
근원을 두고 있다. 하지만 동시에 인간은 끊임없이 복수심으로부터
벗어나 자신을 해방시키고자 노력해오고 있다. 예를 들어, 민주주의
국가에서 법은 어떤 사적인 보복 행동에 맞서 정의의 기능을 보장하기
위해 정립된 것이다. 고대 그리스의 성문법과 규칙은 지하의 권위와
복수심에 대한 로고스와 이성의 승리로서 탄생했다. 민주주의에서
법은 갈등을 해결하려는 개인적이면서 제멋대로인 방식에 반대하는
합리적인 시스템으로 인식되고 있다. 예를 들어, 민주주의 제도의

관점에서 복수와 보복 같은 양상은 야만적인 것으로 간주된다. 우리는
복수를 넘어서 법이 승리해왔거나 적어도 승리해야 한다고 생각한다.
하지만 니체가 『도덕의 계보학』 두번째 논문에서 주장한 것처럼, 사실상
법은 복수심을 없애는 것이 아니라 성취하는 것이다. 니체는 법이란
다음을 시도하는 제도라고 서술한다.

> 법은 정의의 이름으로 복수를 신성시하는 제도이며, 마치 정의가 단지
> 상처 입은 존재의 감정에서 한 단계 발전한 것에 지나지 않는 것처럼,
> 일반적으로 복수의 개념을 사용하는 모든 감정적 반응에 대한 뒤늦은
> 존중이다.[2]

정의는 단지 새롭고, 좀더 섬세하며, 세련된 복수의 방식이다. 이성, 법,
도덕은 분노를 이상적으로 변모시킨다. 담론과 코드는 잊을 수 없는
고통을 가리는 데 사용된다. 그러나 이러한 은폐에도 불구하고, 반복은
응징, 보복, 처벌 등의 형태로 되풀이된다. 시간의 유령은 계속해서 다시
돌아온다. 인간은 여전히 거기에 있다. 우리는 인간적인 것으로부터
복수를 갈구하는 인간이다.

니체는 복수를 반복하는 영혼을 지닌 인간을 비난하지만, 또한 거기서
해방의 가능성을 찾기도 한다. 바로 (보통 '초인'으로 번역되는) 오버맨
혹은 슈퍼맨이라는 이름을 지닌 자의 등장이다. "인간을 복수심에서
구하는 것, 그것이 나에게는 최고의 희망에 이르는 다리이며, 오랜
폭풍우 뒤의 무지개다."[3] 복수로부터의 해방은 『차라투스트라는 이렇게
말했다』의 훌륭한 챕터인 "환영과 수수께끼에 대하여" "타란툴라에
대하여" "위대한 동경에 대하여"에서 드러난다. 차라투스트라는
다음의 말로 "위대한 동경에 대하여"를 시작한다. "나는 '오늘'을 말할
때 '언젠가'와 '이전에'처럼 말하라고 가르쳤다."[4] 차라투스트라는

---

2   Friedrich Nietzsche, *On the Genealogy of Morals and Ecce Homo*, II, §11, Walter
      Kaufmann(trans.), New York: Vintage Books, 1989(first published 1887).

3   Friedrich Nietzsche, "On the Tarantulas," *Thus Spoke Zarathustra*, Walter Kaufmann(trans.),
      New York: Penguin, 1978(first published 1883). [한국어판: 『차라투스트라는 이렇게
      말했다』, 홍성광 옮김, 펭귄클래식 코리아, 2009, p. 177].

4   같은 책, p. 218. [한국어판: 같은 책, p. 346].

반복 그 자체와의 관계를 재설정함으로써 비-복수적인 방식으로
시간을 다루도록 자신의 영혼을 가르친다. 즉 반복을 '심연에 빠진
생각'처럼 동일한 것으로 돌아가는 것이라 생각하기보다, 그것이
여는 차이의 공간을 인식하는 법을 가르치는 것이다.다시 말해 그는
무엇이 반복되는지를 확인하는 법을 배움으로써 곧 반복 그 자체를
변화시키는 것이다. 발생하는 상황을 수동적으로 짊어지는 대신에,
우리는 그것을 가소적으로 갈망할 수 있다.

하이데거Martin Heidegger는 "구속은 악한 감정을 '아니요'에서
해방시켜 '네'를 하게 하는 것"이라고 서술한 바 있다. 복수를 포기하는
것은 초인(오버맨)에 이르는 것으로, 니체가 '적극적인 망각aktive
Vergessenheit'이라고 부르는 것을 의미한다. 그러나 과연 인간이
무엇인가를 적극적으로 잊는 것은 가능한가? 우리는 복수로부터,
나아가 인간성으로부터 자유로워져야 하고 해방되어야 하는가?
우리는 시간, 법, 정의와 새로운 관계를 만들어낼 수 있는가? 오늘날
반복의 문제를 제기한다면, 그것은 인간이 그 자체를 반복하기 때문일
뿐 아니라, 반복이 동시대의 이론적이고 제도적인 실천의 패러다임이
되어왔기 때문일 것이다. 다른 말로 하면 반복은 문화적 지배가
되어왔다. 더 나아가 반복은 그 어느 때보다 우리 삶의 원료가 되고
있다. 그렇다면 이러한 현상은 우리의 인간성에 더 많은 가소성을
부여하는가? 또한 우리의 슈퍼휴머니티(초인성)를 성취할 수 있는가?

사법적 영역에서 반환의 문제는 중요해졌다. 여기에는 토착민의 영토
반환, 탈식민지 법에서의 배상과 인정, 인종차별 정책에 대한 용서, 전쟁
범죄에 대한 시인 등이 포함된다. 기억, 선조성ancestrality, 계보에 대해
오늘날 첨예하게 제기되는 질문은 되돌리고 반환할 것은 무엇이며,
회복과 배상이 필요한 것은 무엇인지와 같이 모든 문제들 가운데 가장
시급한 것이다. 데리다가 지적한 것처럼, 용서와 회복을 위하여, 회개와
구원을 위하여, 잊기 위한 추모를 위하여 반복을 촉구하는 것이 너무도
강력해져 그것은 초월적인 것이 될 지경에 이르렀다.

회개의 (그) 장면과 용서를 구하는 요청이 (현재) 확산되고 있다는 것은
의심의 여지 없이 다른 무엇보다 기억상실의 '도덕적 필요성il faut,' 즉
과거에 대하여 제한 없는 '도덕적 필요성'을 의미한다. 제한이 없으면,
자기고발과 '회개,' (법정의) 출현(출두)의 주체가 되는 기억의 행위는
법과 국가의 권위를 뛰어넘어야 하기 때문이다.[5]

우리는 반복을 이렇게 현재적 주제로 다루는 또 다른 놀라운 사례를
생물학에서 발견할 수 있다. 반복은 현대 분자생물학의 모든 분야,
특히 유전학과 후성유전학에서 중요한 역할을 한다. 줄기세포를
떠올려보라. 포유동물의 신체의 모든 주요 기관에 존재하는 이
비특수 세포는 그 자체가 다른 종류의 세포로 변형될 수 있는 능력을
지니고 있다. 이것들은 또한 '자기-갱신'하여 더 많은 줄기세포를
생산할 수도 있다. 줄기세포에는 배아와 성체 두 가지가 있다. '만능성
세포'라 불리는 성장 중인 배아 줄기세포는 어떤 특수한 형태의
세포로도 분화될 수 있다. 성체 줄기세포는 '다능성'을 지니고 있다고
일컬어지는데, 이는 제한된 범위 내에서 특수한 세포로 스스로 변형될
수 있음을 의미한다.[6]

2006년 노벨상을 수상한 일본인 학자 야마나카 신야는 다능성
줄기세포로부터 만능성 줄기세포인 iPS(유도다능성 세포)를 유도하여,
세포들을 미분화 상태로 전환시키고, 성체 줄기세포와 배아 줄기세포의
차이를 효과적으로 제거했다. 이러한 예는 무엇보다도 오늘날
'줄기세포의 가소성'이라고 알려진 현상을 특징짓는다. 재생의학의 전
분야는 손상된 기관이나 조직을 대체하기 위해 이러한 줄기세포를
사용할 수 있다는 가능성에 기반을 두고 있다. 자체적인 복제와 반복의
가능성은 이식과 같은 처치법을 대체했다. 가소적인 자기대체가 새로운
패러다임이 된 것이다.

---

5   Jacques Derrida, *Pardonner: l'impardonnable et l'imprescriptible*, Paris: L'Herne, 2004,
     pp. 544 이하, p. 382.
6   성체 줄기세포는 혈액, 피부, 장기 조직 등과 같은 재생 기관에서의 세포의 정상적 순환을
     유지하면서, 신체의 회복 체계로 작동한다.

인공지능 역시 또 다른 사례인데, 인공지능의 목적은 시뮬레이션,
즉 인지적 작동을 반복하는 것이기 때문이다. 나는 여기서 헨리
마크램Henry Markram이 2013년에 시작한 과학연구 10년 프로젝트인
'휴먼 브레인 프로젝트'에 대해 특별히 언급하고자 한다.[7] 휴먼
브레인 프로젝트는 인간 두뇌의 완전하고 상세한 지도를 제작하기
위해 신경정보학, 뇌 시뮬레이션, 고성능 컴퓨팅, 의료 정보학, 유사
신경구조 컴퓨팅, 뉴로로보틱스 등 여섯 개의 주요 영역에서 정보통신
기술 플랫폼을 개발할 예정이다. 이 밖에도 전 세계적으로 대규모의
주요한 뇌 연구사업이 진행되고 있는데, 일본의 브레인/마인드Brain/
Minds 프로젝트와 한국의 뇌과학연구원을 비롯해 중국과 대만에서
현재 계획 중인 프로젝트 등이 이에 해당된다. 한 두뇌 프로젝트의
최근 보고서에 따르면, '두뇌'를 '이해하는 데는 전 세계가 필요하며,'
이는 '두뇌'의 기능을 시뮬레이션하고, 이중화하고, 복제하기 위해서도
마찬가지다.[8]

우리가 자주 고민해온 것처럼, 그리고 포스트휴머니스트들이 예언한
것처럼, 이러한 모든 새로운 반복이 일어나면서 생겨난 쟁점은
과연 우리가 기계로 대체되거나 증폭될지 여부가 아니다. 그보다
문제는 우리가 그에 대한 복수, 혹은 유한성에 대한 복수를 추구하지
않으면서, 새로운 반복의 위기에 대처할 수 있는지 여부다. 그렇다면
포스트휴머니스트는 인류가 이렇듯 복수하고자 하는 징후에서
벗어나 영원불멸하게 될 것이라고 주장하는 것인가? 우리는 시간에
대한 적개심을 발전시키지도 않고, 덧없음이나 시간의 흐름에 죄를
묻지도 않은 채 미래를 향해 스스로를 여는 포스트휴먼이 아니라,
도래할 슈퍼휴먼(초인)이라고 할 수 있는가? 혹은 다른 말로, 현재
미학, 의학, 생태학, 물리학, 심리학, 신경생물학 등 어디서나 발견할
수 있는 가소성, 즉 실제로 존재한다고 주장하는 것이거나 가짜

---

7   '휴먼 브레인 프로젝트'는 2013년 미국 오바마 대통령이 시행한 두뇌 프로젝트인
      'BRAIN'(Brain Research Advancing Innovative Neurotechnologies)의 유럽연합식
      버전이다. BRAIN은 빅데이터를 활용하여 인간 뇌의 모든 뉴런 활동을 지도로 구축하고자
      했다.

8   Z. Josh Huang & Liqun Luo, "It takes the World to Understand the Brain," *Science*, vol. 350,
      no. 6256, October 2, 2015, pp. 42~44.

가소성에 불과한 유연성과 일치하는가? 가소성이 형태를 부여하는
힘을 수반한다면, 유연성은 저항 없이 모든 방향으로 주조되거나
구부러질 수 있는 가능성만을 부여하는 것이다. 그렇다면 슈퍼휴먼은
가소적인가, 유연한가?

'노동의 종식'에 대한 광범위한 논의에서, 자크 데리다는 제러미
리프킨Jeremy Rifkin의 『노동의 종말: 글로벌 노동력의 쇠퇴와 포스트-
시장 시대의 도래』를 인용하면서, 새로운 혁명은 "우리를 노동자가
없는 세계의 가장자리로 이끌고 있다"고 주장한다. 어떤 의미에서,
'탈노동'이라는 개념은 새로운 형태의 삶과 새로운 형태의 주체를 모두
출현시키는 범위에서 가소적인 현상이라 볼 수 있다. 그럼에도 불구하고,
데리다는 유연성으로 제시되는 이 새로운 양상은 이를테면 대학의
'저임금 일용직 노동자'를 포함하여, 수백만 명의 노동자를 실업자로
내몰고 있다고 덧붙인다. 이러한 사례에서도 노동의 가소성과 유연성
사이의 결정적인 모호함이 작동하는가?

이 글의 시작점으로 돌아가 본다면, 그리고 가소적으로 반복할 수 있는
방법, 반복을 변화시키고 반복하는 것을 변형시킬 수 있는 방법에 대한
질문의 답을 찾고자 한다면, 우리는 다시 니체를 살펴볼 수 있을 것이다.

> 과거가 현재의 묘지기가 되어주지 않는다면 과거를 잊어야만 하는
> 지점의 경계를 정하기 위해서, 우리는 한 인간, 국민, 문화의 가소적인
> 힘이 얼마나 위대한지 정확히 파악해야 한다. 나는 가소적인 힘이
> 자신의 방식대로 스스로 발전하고, 과거와 이질적인 것들을 그 자체로
> 변형시키거나 그 자체의 일부로 포섭하며, 상처를 치유하고, 잃어버린
> 것을 대체하고, 부서진 틀을 재건하는 능력이라고 생각한다.[9]

'스스로 발전하고' '부서진 틀을 재건하는' 것은 일상적인 시간을
폭파하는 것에 대한 개방성을 의미하는데, 그것은 바로 사건이다.

---

9   Friedrich Nietzsche, *Untimely Meditations II*, R. J. Hollingdale(trans.), Cambridge:
     Cambridge University Press, 1984(first published 1892).

그러나 우리는 과연 진실로 타자의 도래를 희망하는가? 동시대의 기술 발전 아래서, 나는 '우리'가 실제로 그러한 발전을 원한다고 생각하지 않는다. 그러나 이 질문에 대해 진동하는 개방성은 새로운 계보의 창시자, 근원적 죄책감을 상실한 자, 새롭게 유희할 준비가 된 자 등 도래할 인간, 즉 다르게 반복할 수 있는 인간을 주조할 가능성을 드러내고 있다.

유체가 되다

죽음은 가소적인 힘이다. 오늘날 커뮤니케이션 채널을 통해 작동하고 이미지 공유 문화에 기반을 두며, 죽음이 내재된 가정 공간에서 파생된 기술은 새로운 인체를 생성시켜왔다. 즉 망자를 위한 의식과 새로운 형태의 공동묘지에 대응하는 장소가 이러한 인체 안에 포함되어 있다는 말이다. 이러한 기념물들은 신체 그 자체가 자동 수행적인 제의로 변모되는 것에 내포되어 있다. 반사적으로, 이러한 죽음의 도구화와 기념물–신체의 형상은 가정domesticity의 건축적 맥락 안에서 형성되었다. 이는 욕조, 거실, 침실과 같은 일상적 공간과는 다르게 쌍둥이 유형, 계획된 혼잡함, 생리적 변성과 같은 일련의 독특한 공간적 결과물들을 나타낸다.

휘트니 휴스턴Whitney Houston이 사망하자, 그녀의 딸인 바비 크리스티나 브라운Bobbi Kristina Brown이 어머니의 유산을 전부 물려받게 되었다. 그녀는 휴스턴의 의상과 가구, 재산과 개인 소지품을 소유하게 되었다. 바비 크리스티나는 어머니의 시신이 발견된 다음날 아침에 애틀랜타에 있는 휴스턴의 집으로 돌아갔는데, 휴스턴이 사망하고 나서 한 달 뒤, 그녀는 오프라 윈프리Oprah Winfrey를 만나 어머니의 영혼과 교감했으며, 어머니가 그렇게 하라고 격려했다고 말한 바 있다. "나는 어머니의 유산을 이어나가야 해요. 우리는 앞으로 노래를 하려고 해요. 연기를 하거나 춤을 출 수도 있고요."[1] 하지만 그녀의 어머니가 약물에 취해 익사한 지 3년 4개월 만에 바비

---

1 Mike Fleeman, "Bobbi Kristina: Mom Whitney Houston Talks to Me in Spirit," *People Magazine*, March 12, 2012(http://people.com/celebrity/whitney-houston-death-bobbi-kristina-talks-to-oprah-winfrey/).

크리스티나 역시 욕조에서 엎드린 채 주검으로 발견되었다. 휘트니
휴스턴이 비벌리힐튼 호텔 스위트룸 434호실 욕실에서 48세의 나이로
죽음을 맞이한 것은 아테롬성 동맥경화증 심장질환과 코카인 흡입으로
인한 우발적 사고였지만, 바비 크리스티나의 죽음은 의도적으로
욕조에서 어머니의 죽음을 재연한 것으로 추측되었다.

고트프리트 젬퍼Gottfried Semper는 가소성의 개념에 대해 사유하면서
"우리의 언어에는 공통적이고 기초적이며 원시적인 질료를 지닌 모든
예술에 대한 일반적이고 포괄적인 표현이 부족하다. 이를테면 그것은
도예가의 점토처럼 가소적인 부드러운 반죽에 형식과 형상을 부여하는
공통적인 원시 기술을 지닌 예술을 일컫는다"[2]라고 논평했다. 휘트니
휴스턴이 사망한 이후, 바비 크리스티나의 삶은 자기-유동성의 시기, 즉
어머니의 이미지를 가소적으로 재형성하는 시기였다고 이해할 수 있다.
바비 크리스티나의 자살과 시대정신 매체의 재점화는 팝스타 어머니에
대한 확장된 기념물로 그녀 자신을 확인하려는 궁극적 시도, 즉 희생
제의이자 어머니의 죽음과 한 쌍이 되는 사건으로 볼 수 있을 것이다.

젬퍼는 형식-구축의 가소적 과정을 이해하는 데 점토를 우선순위에
두었다. 왜냐하면 점토는 "이러한 기법을 위해 사용되는 첫번째
질료이자 [……] 첫번째 가소적 질료로서 어느 정도까지 이후의 다른
질료들이 따라야 할 스타일을 구축했기 때문이다."[3] 이처럼 점토는
'부드러운' 상태로 모양을 만들어내기 쉽게 하는 어떤 질료적 실체를
의미한다. 이러한 의미에서, 우리는—바비 크리스티나를 포함하여—
인간 신체의 디자인을 가소적 디자인과 유사한 방식으로 이해할 수
있다. 젬퍼의 도자기와 달리, 죽음에 직면한 인간의 디자인은 결코
고정된 사례에 이를 수 없으며, 오히려 지속적인 유동성의 상태로
기능하게 된다. 바비 크리스티나의 신체는 욕조에 잠긴 이래로
지속적으로 진화했다. 우선 병원의 생명유지장치에 의해 절반만 살아
있는 유기체로 존재했고, 영안실의 방부처리실에서는 유체 처리된

2   Gottfried Semper, *Style in the Technical and Tectonic Arts; or, Practical Aesthetics*, Harry
    Francis Mallgrave & Michael Robinson(trans.), Los Angeles: Getty Publications, 2004, p. 467.
3   같은 곳.

사체로 존재했으며, 그다음으로 장례식에서는 열린 관 속에서 아름답게 꾸며진 시신으로 존재했고, 마침내 인쇄물과 온라인 타블로이드 사이트에서 반복적으로 유통되는 이미지로 존재하게 되었다.

그럼에도 불구하고 죽음에 대한 젬퍼의 생각은 여전히 설득력이 있다. 그는 도예에 대해 '용기를 제작하는' 가소적 행위라고 주장했으며, 욕조와 석관, 항아리와 유골단지는 상호 유사한 기원을 갖는다고 지적하면서, 그것들은 동시에 죽음, 의식, 생명 유지, 위생 등과 관련된 전형적인 도구라고 말한다. 실제로 생물학적으로 생명이 다하기까지 마지막 행위에서, 바비 크리스티나는 휘트니 휴스턴이 그러했던 것처럼 욕조를 석관으로 재구성했다. 치유와 부패—혹은 살아 있는 신체의 복원과 죽음의 연장—는 유동적인 영역에 놓여 있으며, 같은 인공물, 공간, 기술 안에 존재한다. 이 모든 것은 살아 있음과 살아 있지 않음 사이에 존재하는 초생물학적 기구들을 가정의 영역으로 가져다놓는다. 어머니와 마찬가지로, 바비 크리스티나의 위생적인 석관은 특별한 주택 건축물이 제공한 것이다. 또한 어머니에 대한 바비 크리스티나의 확장된 기념물—재산을 물려받고, 어머니의 행적을 모방하려 하고, 3년 전 어머니의 죽음을 반복한 것—은 가정성을 지닌 건축물과 더불어 집 안에 보존하고 있던 소지품 또한 요구했다.

페이스북이 죽음과 의미 있는 첫 만남을 했을 때, 우리는 가정의 건축물에 의해 촉진된 신체의 변형에서 확장된 기념물과 관련된 사례를 목격할 수 있었다. 존 베를린 John Berlin 은 미주리 주 아놀드 지역의 트레일러 주택에 거주하던 과체중의 중년 기혼자이자 세 아이의 아버지였다. 2012년 1월 28일, 스물한 살이던 그의 아들 제시 Jesse 는 잠을 자던 중 알 수 없는 원인으로 예기치 않게 사망하고 말았다. 같은 해 존 베를린은 유튜브에 채널을 개설하고 자녀들의 일상을 담은 비디오를 포스팅하기 시작했다. 트래픽 컨트롤 실험('직장에서의 또 하루,' 2012년 2월 15일 현재 조회수 305), 몽롱한 고양이('그녀는 멋있어, 단지 약간 몽롱할 뿐이야,' 2012년 7월 23일 현재 조회수 1189), 고무 얼굴('나와 낙엽 청소기,' 2012년 10월 22일

현재 조회수 6602) 등은 제시의 죽음 이후의 몇 개월과 베를린의
가족을 둘러싸고 변화가 촉발되기 시작한 절묘한 방법들을 기록하고
있었다.

제시가 사망하고 몇 달 뒤, 아버지 존은 샌타모니카에 본사를
두고 있는 비치바디 유한회사가 개발한 인새니티 피트니스
프로그램Insanity physical fitness program을 발견했다. 죽음에 직면한
베를린은 주로 앉아 있는 생활방식이 44살이 된 자신의 신체에
초래한 악영향에서 벗어나기 위해 운동을 시작했다. 2013년 9월
15일, 존은 철인경기에 출전한 모습을 보여주는 첫번째 신체 단련
비디오를 포스팅했다. 한 달 후, 그는 자신의 트레일러 집 거실에서
인새니티 운동을 하는 비디오를 올리기 시작했다(현재 조회수 5344).
그는 그 거실에서 12월까지 트레이너로서 고객들을 맡게 되었다고
발표했으며(현재 조회수 2만 1809), 이때 그 방 뒷벽에 아들 제시를
위한 특별한 기념물도 부착했다.

아들이 사망하고 2년 뒤, 존은 죽은 아들의 계정에 있는 '룩 백'(회상)
비디오와 관련해 페이스북에 청원하는 첫번째 바이럴 영상을
포스팅했다. '룩 백' 비디오는 페이스북의 10주년 기념행사의
결과물로서 사용자의 가상 자료 중에서 가장 히트한 것들로 구성된
슬라이드쇼였다. 감성적인 베를린은 자신이 접근할 수 없는 아들의
페이스북 계정에 있는 자료들로 비디오를 만들어줄 것과 그것을
그에게 공유해줄 것을 요청했다. 며칠 만에 이 비디오는 200만
건의 유튜브 조회수를 기록했으며, 결국 베를린은 그의 요청을
수락하고 사망한 사용자의 계정과 기념화에 대한 페이스북 정책을
검토하겠다는 마크 주커버그Mark Zuckerberg의 전화를 받았다.

이러한 청원 비디오(현재 조회수 305만 1927, 좋아요 5만 9884건,
싫어요 646건)의 배경이 되었던 베를린의 거실은 많은 변화를 거듭했다.
그의 아들을 기념하던 벽은 천장부터 바닥까지 거울로 대체되었으며,
카메라 뒤에는 운동 장비들이 등장하면서 공간은 체육관으로,
베를린은 트레이너로 변신했다. 시청자들은 차례로 베를린의 애도

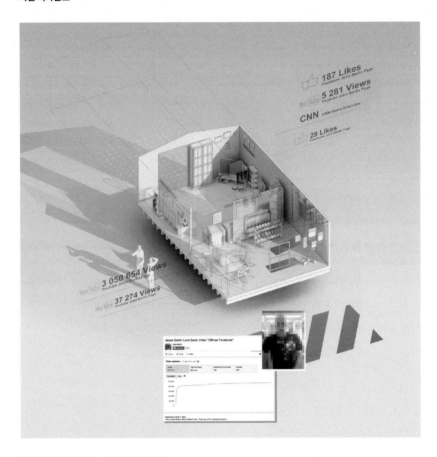

존 베를린의 변화하는 트레일러 집 거실

의식에 동참하기 시작했다. 베를린의 페이스북 페이지와 유튜브 비디오의 댓글 창은 다른 이들이 죽음을 위로하고 애도하는 사회적 플랫폼으로 작동하게 되었다. 지지자들과 후원자, 동조자들로 구성된 가상의 군중 가운데, 유튜브 사용자인 sunrise1965는 그곳에 다음과 같이 썼다. "아들을 잃은 당신에게 조의를 표합니다. 아들의 아름다운 추억에 대한 당신의 소원은 이루어질 거예요. 저의 형은 몇 달 전 죽음을 맞이했고, 저는 불현듯 페이스북에 남아 있는 그의 사진을 날마다 보게 되었습니다. 이는 그에게 중요했던 삶의 일부분을 들여다보고 가까이 느끼는 한 방법입니다."

베를린의 신체적인 변화는 그의 거실의 계획된 혼잡함과 맥을 같이하는데, 그의 신체와 거실 모두는 아들을 기념하는 데 사용되고 있었다. 죽음은 오래전 공동묘지를 넘어 이동했으며, 유품 처리, 의례 절차, 가상의 사후 세계 등에 대한 새로운 가능성은 집단적인 관심을 요구한다. 죽음은 아마도 오늘날 온라인에서 가장 명증해진 것 같다. 온라인에서 디자인의 부족함은 살아 있는 이들에게 점점 더 해결되지 않는 방식으로 죽음을 표면화한다. 질료(자료)와 디지털 영역 사이에서 신체의 유동성은 자체적으로 자기반성적 작용을 촉진한다. 그러나 사후 세계에서 육체가 작동하도록 하기 위해서는, 살아 있는 자들의 사회정치 시스템에 참여하는 것이 요구되며, 이는 오직 세속적이고 관료적인 메커니즘을 통해서만 인정된다. 사후 세계는 살아 있는 이들의 구조적인 조건들 사이에서 효율적으로 되풀이되고 유지되는 한에서 지속된다. 죽은 자는 살아 있는 자가 거주하는 것과 동일한 채널과 플랫폼을 통해 사회적, 정치적 참여 공간에서의 중요성을 버텨내야 한다. 따라서 죽은 자는 오직 실제의 땅과 가상의 땅, 그리고 신체를 점유하고 변형시킬 수 있을 때 비로소 영원한 의례ceremonial의 대상이 될 수 있으며, 이는 문화적으로나 재정적으로 생산성이 유지될 때에만 가능하다. 죽음이 삶으로 확장되는 것은 오직 현존하지 않는 육신이 가치를 동원하는 한에서만 유지될 수 있다.

1976년 한스 홀라인 Hans Hollein 은 전시회 "**인간**은 **변형**한다"의도록에서 "인간의 활동에는 두 영역이 존재하는데, 바로 살아 있는 동안 생존하는 것과 죽은 뒤에 생존하는 것"[4]이라고 주장했다. 우리가 디자인에 관여하는 이유는 홀라인이 말한 것처럼 "살기 위해, 죽기 위해, 그리고 죽음 이후의 삶을 위해서"인데, 이는 예지적으로 가상의 사후 세계의 조건과 생물학적으로 소멸한 이후에도 삶의 디지털 잔재가 여전히 남아 있다는 것을 묘사하는 말이다. 하지만 이 말은 기술이 마구잡이로 살아 있는 자와 죽은 자의 신체를 변형시키는 방식을 표현하는 것이기도 하다. 아마 당연하게도 홀라인의 전시를 위해 구조화된 클라우드 다이어그램은 '**신체**'를 중심으로 표현되었다. 신체 주변 궤도를 도는 몇 안 되는 밀접하게 '연관된 주제들'은 '재디자인된 인간' '보디빌딩' '죽음'이다. 전시회의 틀에 따라, '**자기**-디자인' 혹은 '자기-**디자인**'은 죽음 이후의 삶의 확장을 제공하는 이러한 변형들 사이에 존재하는데, 그것은 생존, 쌍둥이 되기, 변성, 혹은 신체의 업그레이드다. 존 베를린과 바비 크리스티나 브라운의 사례가 동시대 메커니즘을 통해 작동되었다면, 젬퍼의 사례는 이것이 초기 산업 시대에도 부합함을 보여준다.

고트프리트 젬퍼와 리처드 레드그레이브Richard Redgrave는 1852년 웰링턴 최초의 공작 필드 마셜 아서 웰즐리Field Marshal Arthur Wellesley의 장례 행진을 위해 영구차를 디자인했다. 이는 오늘날에 이르기까지 근대 유럽에서 가장 큰 도시 행사 중 하나로 꼽을 수 있는 행진의 중심에 재질료화된 전쟁 영웅을 위한 이동식 건축 용기였다. 그들의 디자인은 공작의 위대한 승리의 전리품인 '워털루 전투에서 획득한 대포에서 취한 18톤의 청동'을 마차의 형태로 녹여낸 것이었다. 공작은 영웅이자 공인으로 살았던 유명인사답게 문자 그대로 가시적인 것으로 장치화된 이동하는 건축물로 새롭게 예시되었다. 이 행진은 (존 베를린의 폭발적인 시청자와 맞먹는) 300만 명의 관중을 끌어들였으며, 그 과정에서 파생된 기념행사와 시장도 생겨났다. 죽음-생존과 인간 외적인 변형에 관한 홀라인의 이론은 오직 살아 있는 자들이 인공적인

---

4   Hans Hollein, *MAN transFORMS: An International Exhibition on Aspects of Design*, New York: Cooper-Hewitt Museum, 1976(한스 홀라인이 디자인하고, 존슨 왁스사가 후원한 스미소니언 협회의 국립 디자인 미술관 개관 기념 국제전).

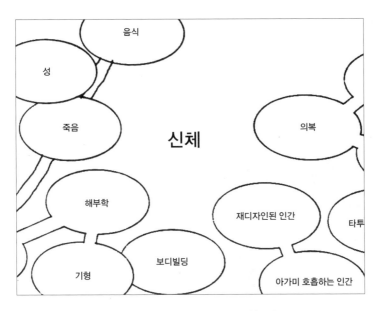

신체를 중심으로 구성된 한스 홀라인의 '연관된 주제' 다이어그램(1976)

고트프리트 젬퍼, 웰링턴 공작의 장례 행진을 위한 영구차 디자인(1852)

것들을 동원하고, 인간 외적인 것들이 사후 세계로까지 확장된 경제와 사회에서 구축되고 다시금 참여하게 되는 것으로 개선될 때 비로소 유지된다. 일단 죽고 나면, 사회에 지속적으로 참여하는 것이 생존을 보장하고 의식을 촉진하며 존재를 입증하는 것이 되는데, 영원히 활동적이고 영원히 변화무쌍한 상태를 유지함으로써 그렇게 할 수 있는 것이다.

누군가의 사후 세계는 삶의 영역에서 이루어지는 디자인 프로젝트일 뿐만 아니라, 바로 그것의 존재 자체가 가상적이고 물질적인 채널 사이의 접근과 영향의 전제조건으로 설명되기도 한다. 존 베를린이 아들에게 헌사했던 기념물, 이를테면 벽에 붙인 초상화, 룩 백 비디오, 유튜브 업로드, 개선된 그의 신체 등은 오직 그와 그의 아들 제시가 온라인 소셜네트워크에 참여했기 때문에 가능한 것이었다. 그들이 소셜미디어와 가상 채널을 최초로 탐색했을 때, 그들은 또한 평생 가입자가 되는 그 서비스 조건에 동의했을 것이다. 그들은 영원히 지속되리라는 암묵적인 약속을 위해 '콘텐츠'를 생산하고, 비정기적인 노동을 하기로 동의했다. 또한 그들은 온라인 상태이며, 존재하고 있음을 입증받는다. 존과 그의 아들은 미주리 주 아놀드 지역에 있는 것처럼, 광범위한 인터넷 데이터뱅크 안에서도 존재한다. 베를린 가족의 트레일러 집은 건축의 한 유형으로 '실재'로서, 그리고 홈 비디오의 영속적인 재현 배경으로서 수차례 존재한다. 제시 베를린의 가상의 사후 세계는 존의 행동과 제시의 생물학적 죽음 이후에 일어난 일련의 사건들에 의해 형성되었다. 즉 아카이브의 해상도 수준, 근거리에 있는 사람들(그들이 어떻게 지내고, 어떻게 바라보는지 등), 제시 베를린의 실제적이고 살아 있는 '프로필'을 얼마나 잘 나타내는지는 여러 요인에 의해 결정되고, 그 요인 중 많은 부분은 죽음 이후의 산물인 것이다.

통합된 인공기관의 발전을 통한 가상적이고 물질적인 성찰이 오늘날 가장 분명하게 드러나는 곳은 아마 세계에서 성형수술이 가장 활성화된 서울 강남 지역일 것이다. 현대 한국의 성형 산업은 한국전쟁 때 부상 입은 신체를 치유한 데서 기인한다. 1950년대에

미국인 재건외과 의사인 랄프 밀라드Ralph Millard는 전쟁 생존자들의
안면 재건 프로그램을 시작했는데, 이는 치료가 아닌 '향상'에 기반을
둔 새로운 시술의 발전으로 이어졌다. 그가 발명한 안검성형술 혹은
쌍꺼풀 수술은 빠르게 유명해졌고, 오늘날 강남에서 가장 인기 있는
수술 중 하나가 되었다. 강남은 그 장소의 주체들을 유연하게 만드는
의학, 관료주의, 도시화, 디지털 등 복잡한 사회 기반시설로 구성되어
있다. 이러한 기반시설은 신체적이고 합법적인 부분 양쪽에서 세포와
영양과 정체성의 유동성을 촉진시킨다. 이 지역의 건축적, 인프라적,
도시적 기술—여기서 이 기술은 수술 과정(수술 전, 수술 중, 수술 후
회복기)이 이루어지는 동안 도시성에 참여하거나 도시성을 형성하도록
하는 부수적인 것으로 이해된다—은 성형외과 의사가 메스로 하는
수술과 병행하여 인간을 디자인한다. 새로운 코, 눈꺼풀, 턱선은
영역을 가로지르는 프로토콜을 요구한다. 튜브, 스무디, 목 베개,
자동 침대, 쿠션이 있는 밴, 호텔 객실, 편의점, 미용실, 쇼핑센터 등은
블로거, 간호사, 미용사, 행정관, 세관원이 또한 그 과정에서 요구했던
기술적이고 도시적인 대응물이다.

1990년대 후반과 2000년대 초반은 강남역과 신사역 사이에
성형외과가 급속도로 많이 들어서던 때다. 같은 시기에, 싸이월드의
'미니홈피'(1999)와 다음 카페(1999)—한국 최초의 소셜미디어
컴퓨터 프로그램은 아바타 혹은 새로운 자기 자신을 구축하면서
만들어졌다—를 비롯해 네이버 지식검색(2002), 유튜브(2005),
페이스북(2006) 등은 남한에 사는 수백만 명의 사람들의 일상이 되었다.
병원 건물이 임계 수준에 도달했으며, 가상 세계에 대한 참여도가 크게
증가한 2000년대 초반, 대한민국은 물질(실질) 세계와 디지털 세계
양쪽에서 모두 능숙하게 자신들의 아바타를 디자인할 수 있게 되었다.
청년 문화가 신체 이미지에 대한 가벼운 숭배에 가담한 것을 배경으로,
강남은 신체를 처리하는 급진적이고 일상적인 실행계획으로 이루어진
생태계가 되었다. 기술적으로 향상된 환자의 얼굴은 재프로그래밍과
재생을 위해 또 다른 텔레비전 표면이 되는 미용적인 도시성을
구성한다. 간판, 스크린, 얼굴 사이를 자유롭게 오가는 이미지의
트랜스미디어적 교환은 복잡한 일련의 디자인 프로토콜을 필요로 한다.

강남구 의료관광 가이드맵

강남구청과 한국 국세청에 따르면, 2015년 대한민국 전체 671개
성형외과 중 500개가 강남에 등록되어 있다고 한다.[5] 이 지역 의사들은
연간 5만 5천 명의 외국인 환자를 유치하고 있으며, 1년 동안 수입하는
콜라겐의 양은 50만 명의 주름을 제거할 정도로 많다.[6] 예를 들어,
서울의 바노바기 성형외과는 15층짜리 빌딩에 위치하고 있는데, 연간
대략 2만 8천 명의 환자를 수술했고, 7만 명의 방문객이 상담을 받았다.
강남에서 고취된 유동성은 인체를 재디자인하기 위해 계획적으로
도구화된 기술-도시주의의 결과물이다. 병원을 홍보하기 위해 고용된
동아시아의 뷰티 블로거들은 공개 영상 다이어리를 통해 자신이 받은
수술을 소개하는데, 그것은 그 수술 절차의 미세한 폭력이 유발하는

---

5   강남구 보건소, "병의원 정보," 2015(http://health.gangnam.go.kr/info/hospital/
     list.do?mid=482-496).
6   "Plastic Surgery Boom Reaches Alarming Proportions," *The Chosunilbo*, November 21,
     2009(http://english.chosun.com/site/data/html_dir/2009/11/21/2009112100182.html).

엄청난 세포 유동성을 보여준다. 그들은 수술 후 신체를 알아보기 힘들 정도의 붓기와 멍이 생기는 2주간의 회복기를 거쳐 자동 대사작용을 통한 회복 과정을 보여준다. 그리고 이 기간 동안, 먼 곳에서 서울로 온 의료 관광객을 포함한 많은 환자들이 병원 주변에서 거주하게 된다.

이 지역에서 미용과 관련된 초고층 건물들은 사회공학적으로 독특한 조화를 이루고 있다. 그것은 철저한 분리와 초연결성이라는 양극단의 조건을 동시에 충족시킨다. 이러한 건물들은 장식적이고 스크린으로 가려진 파사드로 분리되곤 하는데, 이러한 파사드는 병원 내부에 대한 외부의 판독을 막아주며, 소매점으로서의 역할과 제약사로서의 역할을 그 내부에 합병함으로써, 고객들이 그 주변을 떠나거나 다른 곳으로 갈 필요성을 줄여주고 있다. 반면에 성형외과 타워들은 도시의 대중적 영역과의 유동성과 연결성을 획득해야 하는데, 이는 그들의 생존과 관련된 매우 중요한 요소다. 세계에서 가장 빠르고 가장 많은 웹 접속이 가능한 한국에서, 극단적인 신체-의식과 신체 이미지가 소셜미디어에서 순환되는 비율이 늘어나면서, 리젠 성형외과와 같은 병원은 지하철, 거리, 버스 등에 하던 광고를 카카오톡, 유튜브 블로그, 다음 포럼, 바비톡BabiTalk 포스트, 인스타그램 스타 등을 통한 광고로 전환했다. 가벼운 만남, 토론, 의식적으로 포토제닉한 라이프스타일을 외적으로 표출하는 데 참여하는 도시 공간은 누군가의 일상을 실제적으로나 사회적으로 심미화하기도 하는데, 이는 비단 강남뿐만 아니라 그곳으로부터 수천 킬로미터 떨어진 곳에서도 가능하다. 인도네시아, 싱가포르, 중국의 라이프스타일 유튜버의 침실은 미용 광장이 열리는 곳이자, 사람들이 만나고 협의하고 과거와 미래, 그리고 가상의 신체 업데이트에 대해 논의하는 장소의 배경 중 하나가 되곤 한다.

사회적인 초연결과 물리적 분리를 동시에 충족한다는 역설적 조건은 또 하나의 건축적인 공간인 로비에서 무너지게 된다. 이는 개인과 집단, 가상과 실제 양쪽에서 향상에 대한 열망이 충돌하는 장소다. 도시의 영역을 건물 안으로 끌어들인 입구뿐만 아니라 전통적으로 사회적공간으로 이해되는 성형외과 타워의 1층 로비는

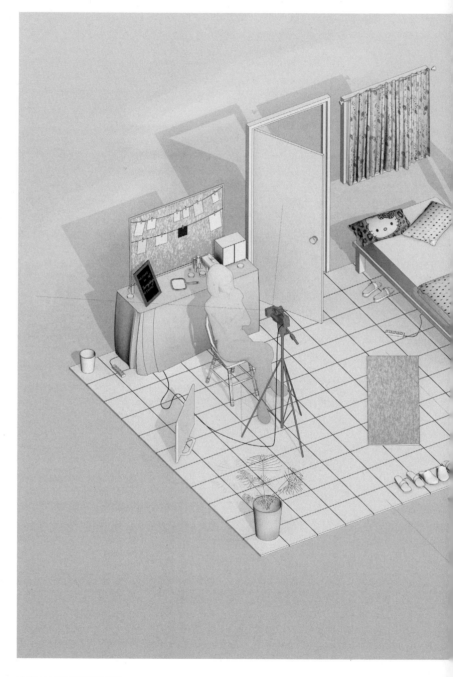

라이프스타일 유튜버의 침실

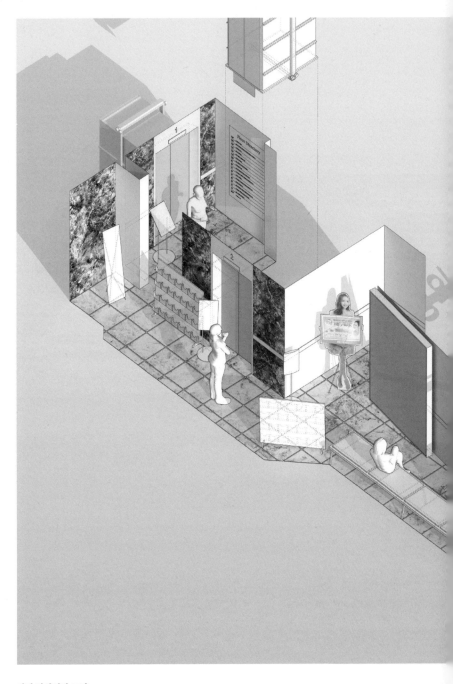

리젠 성형외과 로비

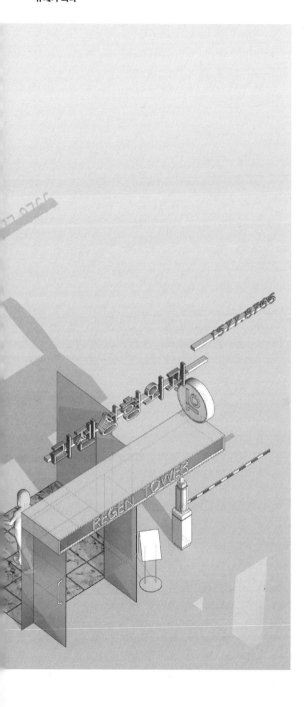

현재 최소한의 공공 인터페이스를 즐길 수 있는 잔여 공간으로 남아
있다. 16층짜리 BK 성형외과 타워의 1층에는 4.5제곱미터 크기의
단독 로비가 있다. 15층짜리 리젠 성형외과는 폭 1.4미터에 길이가
12미터 정도 되는 회랑으로 연결된다. 다른 많은 건물들과 마찬가지로
이러한 타워들도—로비에 다른 기능이 결합된—응대 공간을 위층,
엘리베이터에서 환자가 내리자마자 바로 맞이하는 체크인 데스크
앞에 마련해두고 있다. 그러나 이러한 응대 공간은 전망을 위해
상층에 마련된 것이 아니다. 대부분의 환자들이 이미 온라인 예약을
통해 자신이 향해야 할 곳을 정확히 알고 있기 때문에 로비는 더 이상
매장 앞 공간을 차지할 필요가 없어진 것이다. 많은 병원의 웹사이트
메뉴는 건물을 소개하는 란에 네비게이션 틀을 만들어두었는데, 이는
엘리베이터의 메뉴와 일치되는 형태를 띤다. 가상 영역은 행인들에게
실제로 호소해야 할 필요성 또한 줄여주었다. 서울에서 성형수술은
공공연한 일이 되었다고 하더라도, 숨겨진 로비들은 유동적인
환자들을 타워의 절차상의 범위 내에, 또한 주변의 가소적 힘(다른
성형외과)의 영향을 받지 않는 곳에 두면서, 병원들이 블로그를 통한
홍보와 환자의 다이어리를 통해 육성하고자 하는 가상의 커뮤니티를
효과적으로 재생산하고 있다. 강남의 온라인 참여는 리얼리티
텔레비전의 한 형태가 되었다. 즉 상담실, 수술실, 회복실이 딸린
웹사이트는 환자의 솔로 퍼포먼스를 위한 세트가 되었다.

어떻게 인공적으로 보철된 신체의 제의적인 조건이 날마다 새로운
도시의 프로토콜을 생산할 수 있는가? 어떻게 신체의 의례화된
변형이 가치를 창출하는 새로운 기회를 만들어낼 수 있을까? 그리고
끊임없이 자기-구축을 하는 시대에, 살아 있는 자와 죽은 자의 신체를
재-디자인하는 건축가의 역할은 무엇일까? 인간의 신체는 디자인의
장소일 뿐만 아니라 스스로 인공적으로 보철된 환경과 이미지 자체의
즉각적이고 반사적인 디자인을 위한 동시적인 기구이기도 하다.
그것이 젬퍼가 말한 용기의 본질이다. 아바타, 욕조, 트레일러 집, 마차,
병원, 웹 서버 등 무엇이든 간에 말이다. 가소적으로 성찰해본다면,
인간은 자기 신체와 다른 신체들, 그리고 기술-도시의 생태학
사이에서 생산적인 상호주의를 시작하는 디자인 기관으로 등록될 수

있을 것이다. 이것은 자기-디자인의 정신으로, 죽음과 치유 사이에서 유체의 스펙트럼에 대한 불안정한 작동성이며, '파괴와 부활 사이의 조건'이다.[7]

---

7   Semper, *Style in the Technical and Tectonic Arts*, p. 71.

심광현

뇌의 안정성과 가소성의 변증법: 바깥과 안의 매개, 예술적 창조성의 원천

전체라는 것은 지식에서든 성찰에서든 조립될 수 없는데, 그것은
지식에서는 내부가, 성찰에서는 외부가 빠져 있기 때문이다. 그래서
우리가 학문에서 모종의 전체성과 같은 것을 기대한다면 그 학문을
예술로서 사유하지 않으면 안 된다. 그것도 우리는 그 전체성을 어떤
일반적인 것, 과도하게 넘쳐나는 것에서 찾으려 해서는 안 되고, 예술이
각각의 개별 예술작품에서 재현되듯이 학문 역시 각각의 개별 대상에서
그때그때 온전히 입증되어야 할 것이다.[1]

외부에 대한 지식과 내부에 대한 성찰의 결합 가능성

지식에서는 내부가, 성찰에서는 외부가 빠져 있다는 말은, 내부와
외부가 분리되어 있는 상황을 전제로 하고 있다. 안과 밖의 분리를
전제할 경우, 3인칭 시점의 객관적 관찰은 1인칭 시점의 주관적
성찰/믿음을 보지 못하고, 1인칭의 주관적 성찰/믿음은 3인칭의
객관적 관찰에 이를 수 없다는 것은 당연한 귀결이다. 평일에는
실험실에서 살아 있는 동물의 행동 기제를 3인칭 시점에서
관찰하다가, 주말에는 교회에 나가 1인칭 시점에서 신에 대한 자신의
믿음을 재확인하는 일을 반복하는 수많은 현대의 과학자들은 이런
귀결을 자명한 것으로 받아들인다. 이런 자명성은 과학자들의

---

1   요한 볼프강 폰 괴테, 「색채론의 역사에 관한 자료」(발터 벤야민, 「인식 비판 서론」, 『독일
     비애극의 원천』, 김유동·최성만 옮김, 한길사, 2009, p. 35에서 재인용).

경우만이 아니라, 1인칭의 관점에서는 자기 자신의 삶의 향상을
목적으로 삼으면서도 타인과 다른 생명체는 단지 3인칭 관찰의
대상으로 파악하는 모든 사람들에게서 나타나는 일반적인 현상이다.
그러나 이런 자명성이 전제로 삼고 있는 안과 밖의 분리라는 전제
자체는 결코 자명한 것이 아니다. 만일 이런 전제가 옳다면 생명체의
존속은 불가능하기 때문이다. 생명체는 피부막을 경계로 나누어진
안과 바깥 사이의 에너지, 물질, 정보의 신진대사, 즉 바깥의 것을
안으로 선택적으로 들여오고 안의 것을 바깥으로 선택적으로 내보내는
안과 바깥의 순환성을 통해서 자기 자신을 변화시킴과 동시에 환경을
변화시키는 뫼비우스 띠와 같은 존재이기 때문이다.

그럼에도 불구하고 오늘날 지식과 성찰, 앎과 믿음 사이의 분리를
당연하게 생각하는 태도가 팽배하게 된 것은, 18세기 중반에
시작된 산업자본주의의 급속한 발전에 따른 특수한 역사적
맥락의 전 지구적 확장 과정에서 기인한 것이다. 자본 순환의 논리
[M→C(lp+mp)→M'(M+△m)]에서는 인간(노동력, lp: labor power)과
자연(자원과 에너지, mp: means of production의 일부)이 모두 자본(M:
Money)에 의해 구매되어 생산 과정에서 노동 도구(기계, means of
production의 다른 일부)와 결합되어 잉여가치(△m)를 낳는 단순한
상품(C: Commodity)으로 간주될 뿐이다. 물론 단순한 도구가 아닌
살아 있는 신체를 가진 인간과 자연은 이와 같은 3인칭의 대상화/도구화
과정에 다양한 방식으로 저항해왔지만, 자본은 거대한 기계와 설비의
자동화된 생산 역량을 통해 그 저항을 효과적으로 통제해왔다. 사회적
생산 과정에서 3인칭 관점이 확대될수록 1인칭 관점은 감소하는데, 그
감소 비율은 증기기관, 전기, 컴퓨터의 발명에 연이은 오늘날의 인공지능
발명을 통해 더 극적으로 증폭하고 있다.

3인칭 관점에 의한 1인칭 관점의 대체는 생산 과정만이 아니라
소비생활에서도 여실히 증가하고 있다. 인공지능에 의해 통제되는
가전제품의 발전은 일상생활에서 개별 주체들이 다양한 도구들을
다루면서 행하던 신체적인 경험적 접촉과 노고가 줄어드는 정도에
비례한다. 그런데 만일 안과 바깥의 분리, 1인칭과 3인칭 관점의 분리를

자명한 것으로 전제하고, 후자에 의해 전자가 대체되는 경향의 가속화를 그대로 방치한다면, 1인칭 경험의 주체로서 '인간의 종말'은 물론 '생명의 종말'도 불가피할 것이다. 이런 경향을 역전시키기를 원한다면, 그 전제가 되었던 안과 바깥의 분리, 1인칭과 3인칭 관점의 분리를 초역사적인 자명성을 갖는 것이 아니라 역사적으로 특수한 맥락에서 일반화되었을 뿐인 결코 자명하지 않은 전제로서 재검토해야 할 것이다.

3인칭 관찰의 시점이 일반화되기 시작했던 19세기 초에 괴테가 지식과 성찰의 분리를 거부하면서, 지식과 성찰을 결합한 전체성을 탐구하려는 학문을 일반적인 것이 아니라 개별적인 것에 초점을 두는 예술에 비유한 것은 매우 의미심장하다. 이런 태도는 이후 200년 동안 무시되었지만, 인공지능 시대가 야기하고 있는 진정한 위협은 두 세기 전 괴테의 자세의 복원을 필요로 한다. 물론 지식과 성찰의 결합, 바깥과 안의 결합이라는 요구는 너무 모호한 것이기에 이를 통해서 인공지능 시대의 위협과 대결하기 위해서는 다각적인 보충이 필요할 것이다. 뒤에서 상론하겠지만, 이 요구에는 모든 지식을 '생명체의 내재적 기예'의 산물로 보아야 한다는 중요한 요청이 함축되어 있다. 이하에서는 이것이 의미하는 바를 미하일 바흐친Mikhail Bakhtin과 질베르 시몽동, 마이클 폴라니Michael Polanyi 등에 비추어 명료화하고, 이러한 관점 위에 섰을 때 오늘날 발전된 뇌과학적 지식을 인공지능과는 다른 창조적인 방식으로 해석하여 예술적으로 전유할 수 있는 새로운 길이 열릴 수 있음을 규명하고자 한다.

사물화와 인격화의 선순환 구조

인격화의 고대적 단계(순진하고 신화적인 인격화). 자연과 인간을 사물화하는 시대. **사물화를 포기하지 않으면서 자연(그리고 인간)을 인격화하는 현대적인 단계.** [……] 이 단계에서 인격화는, 신화에 적대적이지 않을뿐더러 (상징의 언어로 변화된) 신화의 언어를 종종 사용하기도 하지만, 신화의 성격을 띠지는 않는다.[2]

---

2   미하일 바흐친, 『말의 미학』, 김희숙·박종소 옮김, 도서출판 길, 2006, pp. 526~27.

앞서 살펴보았듯이 자본주의 사회의 기본 원리는 사회 구성원들의
모든 역량과 자연력을 최대한으로 뽑아내어(착취) 생산수단/고정자본
요소로 이전시키는 데에 있다. 러시아의 철학자 바흐친에 따르면 이는
인간과 자연의 모든 역량을 '사물화'하는 것에 다름 아니다. 19세기
이래 급속히 확산되어온 이런 경향은 오늘날 인공지능 혁명으로 그
절정에 달했다. 이런 경향이 인간과 자연의 종말을 초래하지 않도록
하려면 바흐친의 주장대로 인간과 인간, 인간과 자연 간의 새로운
'인격화'(인격적 연대)가 확대되지 않으면 안 된다. 그렇다고 자본주의
문명이 발전시켜온 '사물화'의 성과를 모두 버리고 고대적인 단계로
되돌아가자는 것은 아니다. 물론 핵발전소와 같이 인간과 자연에
생태학적으로 유해한 생산수단/고정자본은 해체되어야 하겠지만,
사물화/기술화의 동력인 과학기술의 발전을 포기해서는 70억 인류의
삶은 황폐화될 뿐이다. 바흐친이 '사물화를 포기하지 않는 인격화'가
새로운 문명의 원리라고 주장했던 이유도 여기에 있다. '인격화와
사물화의 선순환을 가능하게 하는 새로운 문명'으로의 전환이 시급한
것이다. 인격화와 사물화의 선순환 구조가 어떤 것일지는 시몽동이
강조했던 '기술적 활동' 개념을 통해 좀더 상세하게 설명될 수 있다. 그
내용을 간략히 요약해보면 다음과 같다.

> 기술적 활동은 자연에 내재하는 전-개체적인 것들의 퍼텐셜들을
> 수단으로 인간과 개체 들을 새로운 방식으로 관계 맺게 함으로써
> 인간과 자연의 신진대사를 촉진하는 활동이다. 다시 말해 인간이
> 만든 도구/기계와 자연 자원/에너지를 결합시키는 인간의 정신적-
> 육체적 노동력의 앙상블 전체라는 의미에서의 생산력을 인간과 자연의
> 퍼텐셜(전-개체적인 '아페이론apeiron')의 결합이라는 측면에서
> 철학적으로 재조명하자는 것에 다름 아니다. 이런 관점은 마르크스가
> 노동/생산이란 궁극적으로는 인간과 자연의 신진대사의 합목적적 촉진에
> 다름 아니라고 했던 바를 상기시킨다. 이때 시몽동이 강조하려는 것은
> 인간과 자연의 신진대사를 촉진하는 기술적 활동의 본성이 흔히 생각하는
> 단순히 자기폐쇄적인, 실용적이고 도구적인 개체적 사물을 만들어내는
> 데 그치는 것이 아니라, '자연적인 자기 고유의 표현 매체'인 '아페이론,'
> 개체보다 더 광대하고 풍부하며, 개체화된 존재의 개체성 이외에
> 자연의 비개체화된 존재의 하중을 인간에게 이끌어 오는 활동이며,

그런 의미에서 기술적 대상/활동에 인간적인 본성, 즉 '인간의 자연'이
존재한다고 주장하는 것이다.[3]

시몽동이 말하는 기술적 활동의 관점에서 보면, 기술은 도구와 기계에
의해 인간을 자연으로부터 분리시켜 자연을 지배하게 하는 것이 아니라,
오히려 인간에 내재한 자연적 잠재력을 일깨워 외부의 전-개체적인 pre-
individual 자연과 맞물려 인간과 자연의 선순환을 촉진하는 적극적인
매개 활동이다. 여기서 중요한 것은 개체로서의 인간과 개체로서의
자연의 일방적인 만남이 아니라, 인간과 자연의 전-개체적인
요소들 간의 쌍방적인 만남이다. 시몽동은 인간과 자연이 공유하고
있는 이 전-개체적 요소를 무정형적인 원초적 잠재력을 의미하는
아낙시만드로스 의 '아페이론' 개념을 차용하여 설명하고 있다. 가령
소립자와 원자, 분자 들의 무작위적인 브라운 운동과 뒤섞인 태양광의
자유 에너지 같은 것을 생각해보면 그 의미를 대략 가늠해볼 수 있을
것이다. 우리가 지각하는, 특정한 형태로 개체화된 자연적 또는 인공적
사물들은 모두 일일이 거론할 수가 없는 이와 같은 전-개체적인 것들이
결합된 결과이며, 생명의 신진대사적 활동은 모두 이런 만남의 특별한
경우라고 할 수 있다. 문제는 이 과정이 사유화되는 잉여가치라는
기준에 의해 재단되기 때문에 전-개체적인 요소들의 만남을 통한
기술적 활동의 순환적 흐름이 절단됨으로써 인간과 자연의 원활한
신진대사의 순환 과정이 끊긴다는 데 있다. 이것이 곧 자본주의적으로
사유화된 사물화가 인격적 소외를 양산하는 과정이다.

이 과정을 역전시켜 사물화와 인격화의 선순환을 회복하려면, 시몽동이
강조했듯이 단지 소유 관계의 변화만이 아니라 모든 생산 과정의
원동력인 자연의 전-개체적인 잠재력과 만나는 인간의 잠재력을
올바르게 깨닫고 활성화하는 일이 반드시 필요하다. 그렇다면 이
잠재력이 어떤 것인지를 '전-개체적'인 '아페이론'과 같은 추상적인
개념이 아니라 좀더 구체적인 설명을 통해 확인할 방법이 없을까?

---

3   심광현, 「혁명기 예술의 과제: 1920년대 초반 러시아 아방가르드의 사례를 중심으로」,
한국철학사상연구회, 『시대와 철학』, 제26권 4호(통권 73호), 2015.

여기에는 마이클 폴라니의 '비분절화된 암묵적 지식'이라는 개념이
도움을 줄 수 있다.

형식적 지식과 암묵적 지식

우리가 자전거를 탈 때는 그 과정을 '분절화된 형식적 지식'으로 낱낱이
설명할 수 없지만 자전거 타는 법을 '안다'고는 말할 수 있다. 폴라니는
이 후자의 지식을 '비분절화된 암묵적 지식'이라고 부른다. 실제로
요리, 청소, 빨래와 같이 일상적으로 반복하는 대부분의 활동은 물론,
피아노 연주, 포도주 감식, 숙련된 치과의사의 기술과 같은 전문적인
활동들 역시 이런 암묵적 지식에 근거한 것이다.

> 숙달된 진단가, 분류학자와 목화 등급 분류가는 자신들의 실마리를
> 지시하고 자신들의 준칙을 형식화할 수 있어도, 그들은 자신들이 말할
> 수 있는 것 이상을 알고 있고, 그 준칙들을 오로지 실천 속에서만 알고
> 있으며, 도구적 개별자로서는 말할 수 있지만 대상으로서는 분명히 말할
> 수 없는 그 이상을 알고 있다. 그러므로 그런 개별자들의 지식은 말할 수
> 없는 것이며, 그런 개별자들을 통해서 심오한 판단을 내리는 것은 말할
> 수 없는 사고 과정이다. 이것은 마찬가지로 앎의 기예로서 감식가에
> 해당되며, 행위의 기예인 솜씨에 적용된다. 그 두 경우는 모두 실천적
> 사례를 빌려서만 배울 수 있으며 지침만을 따른다면 결코 배울 수 없다.
> [……] 경험이 풍부한 외과의사가 자신의 영역에 관해 알고 있는 지형적
> 지식은 일종의 말할 수 없는 지식이다.[4]

솜씨나 행위의 기예라고 할 이런 활동들에 공통된 특징은 모두가
우리의 자연적인 몸을 사용하는 활동이라는 점이다. 폴라니에 의하면
이런 신체적인 활동은 인간에게만 고유한 것이 아니라 대다수의
동물이 공유하고 있는 활동이다. (1) 타고난 운동력에 기반을 둔 속임수
학습-발동적 학습(발명 활동), (2) 지각력에 기반을 둔 기호 학습(관찰
활동), (3) 지성의 내재적 작용인 잠재적 학습(해석 활동)이 그것이다.

---

4   마이클 폴라니, 『개인적 지식: 후기비판적 철학을 위하여』, 김봉미·표재명 옮김, 아카넷,
     2001, pp. 142~43.

(1) 발동적 학습은 레버를 누르면 먹이가 떨어지는 상자 안에 있던
굶주린 들쥐가 우연히 레버를 눌러 떨어진 먹이를 먹고 난 후 부지런히
레버를 눌러서 먹이를 먹음으로써 학습 과정이 완성된 경우에
해당한다. 이 경우, 쥐는 자기에게 유용한 수단-목적의 관계를 고안
또는 발견했다고 할 수 있다.

(2) 기호 학습은 빨간 불빛이 스크린에 비친 후 잠깐 동안 전기
충격을 받도록 훈련된 개는 사건을 예고하는 기호를 습득한다. 기호
학습에서 동물은 사건을 예고하는 기호를 인지함으로써 사건을
기대하는 법을 배운다. 이런 유형의 학습은 솜씨 있는 행위를
고안해내는 게 아니라, 이런 행위를 가져오는 기호-사건 관계에 대한
관찰에 있다. 그런 학습은 운동 능력이 아니라 지각을 통해 이루어진다.
기호 학습은 지능에 따른 지각 능력의 확대라고 할 수 있다.

(3) 잠재적 학습은 재조직화 과정이 특정한 발명 활동이나 관찰
행위로써 얻어지는 것이 아니라, 출발부터 거의 전적으로 검사에
개방되어 있는 상황을 깊이 이해하여 이루어지는 경우다. 이 경우 동물은
속임수나 기호 학습보다는 훨씬 다양하고 덜 예측 가능한 방식으로
영리함을 드러내 보일 수 있는 어떤 것을 배운다. 미로를 통과하는 방법을
배운 쥐는 통로 중 하나에 접근했을 때 영리하게도 가장 짧은 통로를
선택한다. 그런 행위는 미로에 대한 정신적 지도를 획득한 것이다. 이것은
동물이 해석적 구조를 이용한다는 것을 시사한다.

폴라니는 언어를 사용하는 인간의 경우 이 세 가지 능력이 다른 두 개가
부차적으로 기여하는 특수과학으로 발전한다고 설명한다. (1) 발명은
최고 단계에서 특허권으로 묘사되거나 기술공학이나 기술론의 내용을
이루는 등 정교하고 유용한 작용의 모든 영역을 포함한다. (2) 관찰이
최고로 분절된 단계에서는 귀납적 자연과학 전체를 포함한다.
(3) 해석은 가장 분절된 형식으로는 수학, 논리학, 수리물리학, 더
일반적으로는 연역적 학문으로 발전한다.[5] 이런 분화된 지식들을
통해서 인류 문명 전체의 발전이 가속화되었다. 그러나 문제는 이와
같은 형태의 학문적 지식, 즉 분과학문의 전문적인 체계 내에서

5   같은 책, pp. 116~24.

형식적으로 분절화된 명시적 지식들이 발전할수록 그 지식들을
만들어내고 수용하는 살아 있는 개인들의 비분절적인 암묵적 지식과
점차 분리되어 독자적으로 존립하게 된다는 데 있다. 폴라니는 전자를
지시적 의미로, 후자를 실존적 의미로 구분하기도 한다.[6]

언어적인 지시적 의미가 전-언어적인 실존적 의미로부터 분리되는
양상은 단지 지식이 성찰/믿음으로부터 분리된다는 것만을 의미하는
것은 아니다. 폴라니에 의하면, 언어의 작용은 궁극적으로 동물의
지력과 연속선상에 있는 우리의 암묵적인 지적 능력에 의존하고, 이런
지능의 비분절적 행위는 자기정립 기준을 만족시키려 하며 자체의
성공을 신뢰함으로써 결론에 이르게 되는데,[7] 양자가 분리될 경우
지식의 탐구와 자기정립적인 만족 역시 분리될 수밖에 없다.

　　우리의 이해를 형성하고 그것이 참이라고 동의하는 (다소 역설적이기도
한) 이런 지적 노력의 근원은 능동적 원칙에 있어야 한다. 그것은 사실
우리의 천성적 감각과 주의력에 뿌리를 두고 있다. 이것은 이미 명백히
드러났듯이 저급한 동물에게서는 탐색 활동과 식욕 충동으로 나타난다.
그리고 다소 고등 동물에게서는 지각력으로 나타난다. 여기서 우리는
동물에게 있어 학습에 선행하고 그 동물 스스로가 학습을 행하도록 하는
목적과 관심의 자기동인적selfmoving 충동과 자기만족적selfsatisfying
충동을 발견하게 된다. 이런 충동은 분절된 지식을 추구하는 데서 만족을
구하고, 스스로의 동의에 따라 그런 지식을 신뢰하는 고차적인 지적

6　　"솜씨 있는 앎의 말할 수 없는 영역은 동물이나 유아가 소유하고 있는 지식처럼 계속
　　비분절성에 있다. 이미 보았듯이 동물이나 유아는 이미 자기들의 비분절된 지식을
　　인지하고 그것을 해석의 구조 틀로 사용할 능력을 가지고 있다. 복잡한 지형을
　　분해함으로써 탐구하는 해부학자는 사실 미로를 달리는 쥐처럼 자신의 지능을 사용하는
　　것이다. [……] 우리는 솜씨 하나를 얻음으로써, 그것이 근육적인 것이든 지적인 것이든
　　간에 이해를 성취한다고 일반적으로 말할 수 있다. [……] 내가 이런 식으로 이해한 것은
　　나에게 의미가 있으며, 그 자체로 이런 의미를 갖지만, 그것은 대상을 지시할 때 기호가
　　의미를 지니는 것과는 다르다. 앞서 나는 이것을 **실존적 의미**라고 불렀다. 동물들은 어떤
　　것을 지시할 수 있는 언어가 없기 때문에 우리는 동물이 이해하는 모든 종류의 의미를
　　실존적이라고 서술할 수 있다. 그러면 지시작용을 위한 첫 단계인 기호 학습은 실존적
　　의미의 특수 경우일 것이다. 그러나 언어를 구성하고 있는 의도적으로 선택된 기호 체계를
　　다룰 때 우리는 그 기호가 사물이나 행위의 고정된 맥락에 내재해 있지 않은 **지시적
　　의미**를 갖는다는 것을 인정해야 한다"(같은 책, p. 145).
7　　같은 책, p. 153.

갈망의 원시적 원형이다. [……] 지각은 자기정립 기준self set standard을 찾으려는 활동임에 틀림없다.[8]

폴라니는 동물의 자기정립적이고 자기만족적인 충동의 사례를 다양하게 검토한다. 동물이 속임수를 학습하면 보상 없이도 단순한 흥미로 그것을 반복하는 성향을 보이는데, 그것은 문제를 푸는 재미가 순수하게 지적인 구성 요인임을 보여준다는 것이다. 예를 들면 미로에 대한 학습은 특정한 보상이 제공되지 않더라도 진행된다는 것이 증명되었다. 동물의 지능은 그 주변 환경을 의미 있게 하는 문제에서 자발적으로 생성된다(어린이 지능의 전-언어적 발전). "우리 자신에게도 사물을 바라보는 즐거움이 있음을 우리는 잘 알고 있다. 새로운 대상에 대한 호기심, 우리가 보는 대상이 무엇인지를 밝히는 감각의 긴장(긴장된 감각), 눈의 재빠름과 꿰뚫는 관찰력에 대해 사람들이 느끼는 커다란 우월감을 우리는 잘 알고 있다."[9] 이와 같은 "기쁨도 고통도 위안도 전혀 찾을 수 없는 육체 없는 지성에게 우리 어휘의 대부분은 이해될 수 없을 것이다. 그 이유는 명사와 동사의 대부분은, 충동들을 활발하게 하는 육체의 경험을 통해서만 자신들의 행위를 평가할 수 있는 생물체를 지시하거나, 인간이 이용 목적으로 만든 사물들을 지시하기 때문이다. 그런 사물들은 그것들이 도움을 주는 인간 욕구의 이해를 통해서만 평가될 수 있다."[10] 그런데 문명과 과학의 발전이 이런 '실존적 의미'를 배제하는 방향으로 나아간다면 다음과 같은 모순적인 귀결에 이르게 될 것이라고 폴라니는 지적한다.

> 이런 자기모순은 잘못 인도된 지적 정열에 기원을 둔다. 즉 어떤 사람도 인정할 수 없기 때문에, 우리 스스로가 제외되어 있는 우주에 대한 그림으로 나타나는 절대적으로 비개인적인 지식을 얻으려는 정열이다. 이러한 우주에서 과학적 가치를 창조하고 견지할 수 있는 사람은 아무도 없다. 그러므로 과학도 없게 된다.[11]

---

8   같은 책, p. 154.
9   같은 책, p. 157.
10   같은 책, p. 159.
11   같은 책, p. 222.

그럼에도 불구하고 인공지능 시대는 실제로 이러한 방향으로 나아가고 있다. 인간의 활동은 네 가지 자원이 신체에 결합되는 방식으로 이루어진다. 일을 수행하는 '운동 에너지,' 눈과 귀를 통해 관련된 측면을 '감지-인식하기,' 계획을 세우고 수정하는 '추론 능력,' 목표한 바를 실행할 근육이라는 '실행 수단'이 그것이다. 카플란Jerry Kaplan은 로봇의 경우 이 네 가지 자원이 굳이 인간의 형태로 하나의 신체 공간에 결합되어야 할 이유가 없다는 점을 강조한다. 로봇은 눈과 귀가 없어도 유비쿼터스 센서 네트워크만 있으면 깊이를 지각하고 소리의 발원지를 찾아낸다. 두 눈이나 귀가 아주 멀리 떨어져 있다면 오히려 더 효과적으로 작용한다. 필요한 데이터는 전 세계에서 즉시 취합할 수 있고, 임무는 마음대로 변경 가능하며, 실행은 가장 편리한 곳을 선택하면 된다. 원거리에서 서로 협력하여 작업하는 기기들의 광범위한 네트워크가 자동적으로 작동한다면, 그것이 로봇이라는 것이다.[12]

그러나 신체를 가진 살아 있는 인간이 자기정립적인 실존적 의미를 포기하면서까지 이런 추세를 그대로 따라가야 하는가? 살아 있는 신체를 가진 인간과 자연의 저항을 통제하고자 하는 자본의 입장에서는 그럴 수 있겠지만, 그렇지 않은 대다수 인구가 여기에 동의해야 할 이유는 없다. 다만 너무 오랫동안 지속적으로 지식과 성찰의 분리, 분절화된 명시적 지식과 비분절적인 암묵적 지식의 분리가 확산되어온 결과, 대다수의 사람들이 양자의 결합에서 오는 확장된 자기정립과 자기만족의 기쁨을 기억조차 하기 어렵게 되었기 때문에 이런 경향에 맞설 엄두를 내지 못하고 있는 것이 아닐까? 물론 모든 명시적 지식들이 이런 경향을 강화해온 것은 아니다. 마이클 폴라니는 살아 있는 생명체들이 추구하는 실존적 성취와 의미를 연구하는 생물학과 자기정립적인 만족을 인정하는 철학이 적절히 결합할 경우 이런 경향에 맞설 수 있음을 강조했다.

---

12   제리 카플란, 『인간은 필요 없다: 인공지능 시대의 부와 노동의 미래』, 신동숙 옮김, 한스미디어, 2016, pp. 65~71.

이런 관점을 폴라니는 '관여의 존재론 ontology of commitment '이라고 부른다. 이러한 존재론은 살아 있는 다른 존재(식물과 동물과 인간)의 성취를 인정함으로써 확장된다. 이런 확장을 가능하게 하는 것이 생물학이다. 생물학은 다른 유기체, 보통은 자신보다 낮은 유기체의 다양한 관여의 단계에 참여한다. 이 단계에서 생물학자는 유형의 진실성, 동등한 잠재력, 조작 원리, 충동, 지각, 동물 지능 등을 문제의 유기체 그 자신에 의해 받아들여진 기준에 따라 인정한다. 한편 폴라니는 이와 같은 관여적인 생물학을 매개로 하여 의도적으로 관여를 시작하는 개인으로서의 인간 자신에 대한 인정으로 되돌아간다. 이것을 그는 생물학과 철학적 자기신뢰의 합류라고 부른다. 이런 방식으로 인간은 진화를 통해 이루어낸 생명의 자기정립적인 지적 기준들을 만족시키기 위해 스스로의 목소리(소명의 가르침과 명령)에 따라 자신의 책임을 실행하도록 스스로를 단련할 수 있다는 것이다.[13]

실제로 뇌과학은 비분절적인 암묵적 지식과 언어적으로 분절된 명시적 지식이 어떻게 연결되고 순환될 수 있는지를 명시적으로 설명함으로써 생물학과 철학적 자기신뢰가 합류하는 데 도움을 준다.[14]

---

13   폴라니, 『개인적 지식』, pp. 576~77.
14   폴라니는 1966년 처음 출간된 『암묵적 영역 The Tacit Dimension』에서 다음과 같이
       강조한다. "모든 사유는 우리가 생각하는 초점적인 내용 속에서 부차적으로 알고 있는
       구성 요소들을 포함하며, 그 부차적인 요소들이 마치 우리 몸의 일부인 것처럼 그 요소들
       속에서 거주한다. 그러므로 사유란 브렌타노가 말하듯이 지향적일 뿐만이 아니라 사유가
       체화하고 있는 뿌리들로 반드시 가득 차 있게 마련이다. 사유는 '무엇으로부터 무엇으로
       향하는 구조from to structure'를 가지고 있다. [⋯⋯] 부차적 요소들은 우리 몸을 통해
       사용되기 때문에, 모든 신선한 사유는 하나의 실존적 관여라고 볼 수 있다"(Michael
       Polanyi, The Tacit Dimension, Chicago: The University of Chicago Press, 2009, xviii~xix).
       물론 여기서 그가 말하는 실존적 관여는 명시적 지식으로서의 실존주의와는 전혀 다른
       것이다. 그는 오히려 실존주의 철학을 체화된 사유가 뿌리를 내려야만 하는 모든 전통과
       문화를 허무주의적으로 거부하는 극단적 개인주의라고 비판한다(같은 책, pp. 58~59).
       한편 이 책에서 폴라니는 '창발 emergence' 개념을 이용하여 암묵적 지식의 형성을 좀더
       체계적으로 설명하고자 시도한다. 모든 생명체는 진화 과정에서 위계를 형성하는데,
       낮은 단계가 높은 단계에 '경계 조건 boundary condition'을 제공한다면, 높은 단계는
       낮은 단계에 대해 '주변적 통제 marginal control' 혹은 규제적 regulative 기능을 갖는다고
       말한다(같은 책, pp. 40~44). 그는 '암묵적 지식'의 형성을 낮은 단계가 제공하는 경계
       조건 속에서 생명이 '창발'하는 과정(또는 문제를 푸는 과정, 시를 창작하는 과정 등)에
       비교하는데, 암시적으로만 직감되어 탐구를 시작하지만 그럼에도 무관해 보이던 부분들에
       잠재되어 있던 어떤 일관성이 어느 순간 새로운 포괄적인 개체를 형성하게 되는, 말로
       다 설명할 수는 없지만 암묵적으로는 분명하게 알게 되는 과정으로 설명한다(같은 책, p.

전-언어적인 1차 의식과 언어적인 고차 의식

노벨상을 수상한 생리학자이자 신경과학자인 제럴드 에델만Gerald M. Edelman은 인간 두뇌의 신경 조직을 크게 두 종류로 대별한다. '뇌간과 대뇌변연계로 구성된 가치계(쾌락계)'와 '시상과 피질계로 연결된 세계 범주화계'가 그것이다. 그는 양자의 주요 특징을 다음과 같이 대비하는데,[15] 그의 설명을 요약해보면 다음과 같다.

뇌간/변연계=가치 조정	시상피질계=세계 범주화
식욕-성욕-완료행동-방어행동	동시에 작용하는 시상+피질
가치계=호르몬계, 자율신경계와 연결	감각 수용판에서 신호 수용, 수의근에 신호 전달
느리게(초-분 단위) 반응	빠르게(0.001초 단위) 반응
상세 지도 부재, 고리 모양으로 연결	고리를 포함하지 않고, 여러 장소에 위상학적으로 배열
외부 신호가 아니라 내부 신체 시스템	훨씬 늦게 진화, 소뇌-기저핵-해마 등의 피질 부속 기관은 피질과 공진화

뇌간/변연계와 시상피질계의 기능적 차이[16]

첫째, 좌측의 가치계와 우측의 세계 범주화계가 결합하여 포유류의 '1차 의식'이 생성된다. 이는 범주화 작업을 하나의 장면으로 묶어내는 과정이다. 1차 의식은 세 가지 기능의 진화를 통해서 출현한다. (1) 개념 기능=학습을 수행하는 기초 능력을 확장시키면서 변연계에 강하게 연결되는 피질계가 발생한다. (2) 이런 연결에 근거해서 새로운 종류의 기억이 발생한다. 이 개념적 기억계는 지각 범주화를 수행하는 상이한 뇌 시스템에서의 반응을 범주화한다. 이 가치 범주 기억은 시상피질과 변연뇌간 시스템 사이의 상호작용에 의해 개념적 반응을 생성한다. (3) 진화 과정 중 신경해부학의 새로운 구성 요소로서 특수한 재입력 회로가 나타난다. '가치 범주

---

44). 이런 설명을 명시적 지식과 암묵적 지식의 관계에 적용해보면, 기존의 명시적 지식은 '주변적 통제' 기능을 하면서 실재와 잠재적 접촉을 하는 동등한 영역들을 상호 조정하는 역할을 통해서 암묵적 지식이 창발하도록 돕는 기능을 한다는 면에서 긍정적이다. 하지만 암묵적 지식 형성을 위한 각 개인들의 실존적 분투 없이는 결코 새로운 명시적 지식이 획득될 수 없다. 전통을 무작정 거부하는 절대적 회의주의/비판주의나 개인의 역할을 무시하는 전체주의(스탈린주의)와는 다르게, 폴라니는 명시적 지식들로 구성되어 있는 과학적, 문화적 전통의 계승 속에서 개인들이 지닌 창조적 역할을 동시에 승인한다(같은 책, pp. 59~62).

15   제럴드 에델만, 『신경과학과 마음의 세계』, 황희숙 옮김, 범양사, 2006, pp. 176~78.
16   같은 책, p. 176.

기억+실제 시간의 지각 범주화' 간의 지속적인 재입력 신호에 의해 자력
작용이 형성되면서 '1차 의식'이 발생한다. 이 자력 작용이 모든 감각
양식에서 병행적-동시적으로 발생하면서 복합장면 형성이 가능해진다.
여기서 '장면'이란 "동시 발생적인 세계의 사건들에 관한 반응들이 한
조의 재입력 과정에 의해 연결된 것"[17]을 말한다.

둘째, 따라서 '1차 의식'이란 "한창 진행 중인 범주화된 사건들의
'그림'이나 '심상'으로서의 경험"이다. 물론 실제 뇌에는 실체적 이미지나
밑그림이 없으며, 여기서 말하는 '이미지'란 서로 다른 유형의 범주화
사이의 상관관계일 뿐이다. 따라서 **1차 의식=기억된 현재**로 정의할 수
있다. 하지만 1차 의식에는 '개인적 자기'라는 개념이 결여되어 있다.
방을 볼 때 빛줄기가 밝혀주는 대로 보는 것과 같다.[18] 1차 의식을 가진
피조물은 심상을 갖지만, 사회적으로 확립된 자기라는 유리한 관점에서
그 이미지들을 볼 수 있는 능력이 없다. 그러나 '고차원적 의식'의
결과로 자기를 의식하는 존재는 1차 의식의 작용을 감상하기 위해
하나의 심적 이미지를 언어적 기호 기억에 연결시킨다. 다시 말해서 1차
의식을 좌측 측두엽에 주로 포진한 브로카Broca 영역의 발화 작용과
베르니케Wernicke 영역의 의미 작용과 결합시켜 과거-현재-미래를
연결하는 서술 능력을 가지게 된 것이 '고차 의식'이다.[19]

셋째, '고차 의식'이란 '생물학적 개체성'이라는 그림에 '사회적으로
구축된 개성'을 추가한 것이다. 즉각적인 현재의 규제와 방대하게 늘어난
사회적 의사소통으로부터 자유로운 의식적 사고를 함으로써, 미래의
상태를 예견하고 계획에 따라 행위할 수 있고, 세계를 모형화하고,
명확하게 비교할 줄 알며, 결과를 평가하는 능력이 생겨난다. 분명히
이런 능력들에는 '적응 가치'가 있다. 수렵자와 채집자에서 진화한 이래,
인류사는 완전하게 발생을 마친 고차원적 의식을 지닌 유일한 종의
적응성과 부적응성에 대한 이야기에 다름 아니다.[20]

17   같은 책, pp. 179~80.
18   같은 책, pp. 180~81.
19   같은 책, pp. 186~87.
20   같은 책, p. 200.

넷째, 이와 같은 의미론적 자력 작용을 통한 새로운 기억의 획득은 개념적 폭발에 이른다. 그 결과 자기, 과거, 미래의 개념들이 1차 의식에 연결될 수 있다. 즉, '의식의 의식'이 가능하게 된다.[21] '1차 의식'의 기반 위에서 사회적, 언어적 상호작용을 통해 '고차 의식적'인 자기가 발생하고 나면, 이름 짓기와 의도하기를 요구하는 세계가 발생하게 된다. 이런 세계는 지각적으로 경험되는 외적 사건은 물론이고, 회상되는 내적 사건과 상상된 사건을 반영한다. 비극적 의식도 가능해진다. 즉, 죽음이나 정신적 혼란으로 인한 자기의 상실, 누그러들지 않는 고통에 대한 기억 같은 것이 그것이다. 같은 이유로 고도의 창조적 드라마와 무한한 상상력이 나타난다.[22] 에델만은 '자기'와 '비非자기,' '1차 의식'과 '고차 의식'의 작용 기제를 다음과 같은 다이어그램으로 시각화한다.

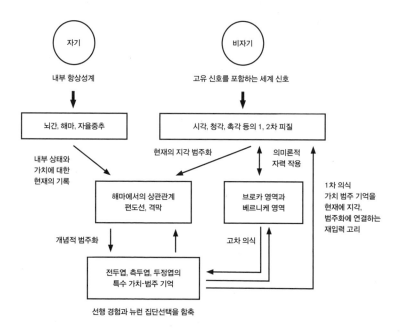

1차 의식과 고차 의식의 차이와 연결[23]

---

21   같은 책, p. 197.
22   같은 책, p. 202.
23   같은 책, p. 197.

여기서 1차 의식은 앞서 폴라니가 말했던 인간과 동물이 공유하는 자기정립적인 기준, 자기만족적인 가치 평가의 기능을 가진 암묵적 지식의 신경과학적 기제를 보여준다. 반면, 고차 의식은 1차 의식을 언어적으로 매개한 것으로 분절화된 명시적 지식의 신경과학적 기제를 보여준다. 에델만의 다이어그램은 인간의 고차 의식은 1차 의식 없이는 작동하지 않으며, 따라서 아무런 의미도 갖지 않는다는 사실을 단적으로 보여준다. 이 과정을 영화와 비교하여 설명해보면 더 쉽게 이해할 수 있다. 1차 의식 자체가 이미 외부 정보를 내부의 '가치 범주'에 의해 선별하여 촬영하는 개념화 과정이라면, 고차 의식은 이 기초적 개념에 언어가 연결되어 일종의 '메타-개념'을 만들어내는 편집 과정이다. 전자가 스냅사진이라면 후자는 일종의 동영상에 해당한다. 영화적으로 구분하자면 전자는 '프레임-쇼트frame shot'이며, 후자는 '신-시퀀스scene sequence'에 해당하는 셈이다. 따라서 1차 의식과 고차 의식은 발생학적으로는 전자가 먼저지만, 구성적으로는 전자가 후자의 편집 대상이다. 따라서 이들 간에 양자택일이나 환원적 관계를 주장하는 것은 무의미하다. 양자는 상보적인 관계를 이루고 있기

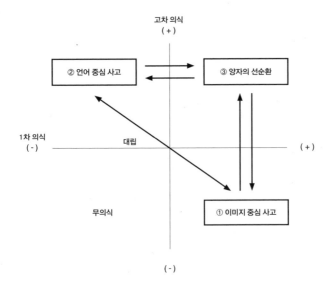

1차 의식과 고차 의식의 역동적 변증법(ⓒ 심광현, 2011)

때문이다. 하지만 이 상보적 관계가 반드시 조화로운 것은 아니다. 둘 사이에는 불일치와 모순이 발생할 수 있다. '조화'보다는 '역동적 변증법' 혹은 '시스템 다이내믹스'의 관계를 이루는 양자의 관계를 다이어그램으로 그려보면 위와 같다.

앞선 논의에 비추어 보면 ①은 비분절적인 암묵적 지식으로, ②는 분절적인 명시적 지식으로, ③은 암묵적 지식과 명시적 지식의 선순환의 형태로 구분해볼 수 있다.

고차 의식이 우리를 기억된 현재의 독재로부터 해방시키는 바로 그때, 1차 의식은 고차 의식의 메커니즘과 공존하며 상호작용한다. 물론 1차 의식은 고차 의식에 대해 강력한 구동력을 제공해준다. 우리는 여러 단계를 한꺼번에 살고 있는 것이다.[24]

문제는 현대사회가 강제한 지나친 전문화가 이와 같이 1차 의식과 고차 의식이 상호작용하며 공존하는 다단계적인 과정을 세분화된 단계로 환원시켜버림으로써, 우리가 가진 뇌의 다중스케일 네트워크적인 역량을 지속적으로 잠식해간다는 데 있다. 쉽게 말하면 우리 뇌는 항상 영화를 찍고 있는데, 우리의 제도화된 삶은 이 영화를 사진과 그림, 음악과 문학 등의 장르로 세분화하여 해체하고 있는 것이다. 날이 갈수록 공부가 지겨워지고, 지적 정열이 쇠퇴하고, 무기력을 느끼고, 창의성과는 먼 기계적인 인간으로 퇴화하고 있다는 느낌이 확산되는 이유가 여기에 있다. 뇌과학적 지식의 응용은 이런 상태를 극복할 길을 열어줄 수도 있다.

뇌의 구조적 안정성과 창발적 가소성의 변증법

가장 간단한 방식으로 뇌의 기능을 정의하자면, 뇌는 항상 움직이고 있는 우리 자신의 동물로서의 몸과 끊임없이 변화하는 환경 사이의 복잡한 상호작용을 조절하고 예측하고 평가하는 매개체라고 할 수

---

24   같은 책, p. 223.

있다. 신경과학자 로돌포 이나스Rodolfo Llinás는 동물 뇌의 활동을 "스스로 조절되는 전기 폭풍" 또는 "뇌와 중추신경계라는 베틀에서 수없이 많은 북이 왔다 갔다 하면서, 곧 사라지지만 늘 의미를 지니고 있는 무늬를 짜는" 활동이라고 명명했다.[25] 이러한 전기 활동에 의해서 발생하는 마음을 그는 '운동의 내면화'라고 정의한다.[26]

뇌는 몸의 운동을 내면화하여 다음 행동을 설계하고 환경 속에서 몸의 행동을 조절하는 방식으로 몸의 운동과 변화하는 환경의 상호작용을 매개한다. 다시 말해 뇌는 외부 환경 정보를 구성하는 영역과 생명체 내부의 자기 보존과 유지를 위한 욕구 체계 영역, 그리고 양자를 매개하고 경계 짓는 영역을 구별하고 연결한다. 이 세 가지 기본 영역별 기능의 분화와 복잡화의 선을 따라서 인간의 뇌는 지구상에서 가장 복잡하게 진화했다. 그것은 가장 기본적인 내부 욕구 체계를 지닌 뇌간-시상하부로 구성된 '파충류의 뇌,' 그것을 감싸고 있는 '포유류의 뇌'(감정–기억의 기능을 가진 변연계), 이를 다시 감싸고 있는 '인류의 뇌'(외부 정보를 포착하고 정교한 행동과 생각을 설계하는 기능 중심의 신피질)라고 하는 '삼부뇌'로 진화해왔다. 이 구조를 그림으로 그려보면 다음과 같다.

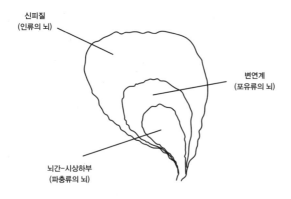

신피질
(인류의 뇌)

변연계
(포유류의 뇌)

뇌간–시상하부
(파충류의 뇌)

삼부뇌의 구조(ⓒ 심광현, 2017)

25   로돌포 이나스, 『꿈꾸는 기계의 진화: 뇌과학으로 보는 철학 명제』, 김미선 옮김, 북센스, 2007, p. 20.

26   같은 책, p. 24.

한편, 인간은 동물보다 복잡한 환경에 적응하면서 동물을 포획하거나 타인들과의 복잡한 커뮤니케이션을 위해서 '언어'를 발전시켜왔다. 그 결과 뉴런 선택을 언어 선택을 통해서 다시 한 번 추상화하고 패턴화함으로써 행동을 예측하고 설계하는 시공간적 범위를 확장할 수 있었다. 언어는 최초에는 단순히 외부의 대상/사건을 거친 (포괄적인) 방식으로 사영했다. 그러나 진화 과정에서 언어 기호들 간의 연결 접속이 복잡해지면서 외부 환경과는 다른 독자적인 세계, 즉 '기표의 제국'을 만들어 외부 환경에는 실재하지 않는 '가능성의 세계'를 창조해냈다. 그러나 이런 가능성의 세계는 문자 그대로 언어적 관념으로, 사전 설계된 시뮬레이션의 세계이지 실제 자연에 존재하는 '잠재성의 세계'(가령 온도 변화에 따라 얼음이나 수증기로 변하는 물의 잠재성)는 아니다.

역사시대에 들어와 언어화된 관념들이 복잡해지고, 언어적 조합을 변화시키면서 사유의 복잡성이 증가하고, 관념적인 사전 설계를 통해서 현실을 변화시키려는 사유의 능동성을 강조하는 철학적 관념론이 발달해온 것도 바로 이렇게 언어적으로 매개된 가능성의 세계가 확장되어온 과정과 비례한다. 그러나 확장된 언어를 통해 탄생한 사유가 실제 효력을 발휘할 수 있는 것은 결국 언어 선택이 체성 선택과 뉴런 선택과 다시 일치할 수 있는가의 여부, 즉 인지생태학적으로 말하자면 지각을 담당하는 후뇌와 행동을 담당하는 전뇌의 전기적 흐름이 외부의 대상 및 사건과 기능적으로 일치하는지의 여부에 달려 있다. 짧게 말해 이는 '외부 대상과 전후뇌의 기능적 원환'의 달성 여부라 할 수 있다(소위 대상에 대한 생각과 대상을 포착하는 행동, 즉 이론과 실천의 일치).

또한 포유류와 인간의 뇌는 특정한 대상을 포획하기 위해서 대상의 시공간적 궤적을 정확하게 포착해야 한다. 부분에 초점을 맞추는 기능과 함께 포괄적인 환경 전체를 포착하는 기능을 동시에 수행할 수 있도록 진화한 것이 '좌우뇌의 분업과 협업' 구조다. 좌뇌가 '부분'에 초점을 맞추는 동안, 우뇌는 자신을 위협하는 다른 포식자가 숨어 있을 수 있는 주변 환경 '전체'를 조감하는 방식으로 말이다. 포유류와 인간의 눈 역시 특정 부분의 형태에 초점을 맞추는 조리개와 같은 '원추체'와

배경 전체를 감지하도록 빛을 최대한 수용하는 '간상체'의 이중 구조로
작동한다.

인간의 뇌는 이렇게 '삼부뇌+전후뇌+좌우뇌의 3차원 구조'로 진화하는
동안 언어 능력의 발달과 함께 신피질이 뇌 전체 용적의 80퍼센트를
차지할 정도로 크게 발달했다. 이 과정에서 인간 뇌의 전두엽은
다음과 같은 기능 영역으로 세분화되었다. (1) 계산과 추리, 판단
기능을 담당하는 '배외측전전두엽, 안와전전두엽, 배내측전전두엽,'
(2) 운동을 사전 설계하는 '전운동 영역,' (3) 최종적으로 운동 명령을
내리는 '운동 영역'이 그것이다. 후두엽에서는 직립과 더불어 '시각
영역'이 크게 발달했고, 측두엽은 '청각 영역'으로, 두정엽은 '체성감각
영역'과 '공간위치 영역'으로 전문화되었다(이 각각의 영역에서 생산된
정보들은 '다중감각 연합'으로 수렴된다).

이렇게 전문화된 신피질의 영역들은 대부분 외부의 사물과 사건을
지각하면서 자신의 행동을 설계하는 기능을 발달시켜온 데 반해,
신피질의 다른 두 영역의 뉴런 집단인 '뇌섬엽의 방추뉴런'과 '전운동
영역의 거울뉴런'은 다른 생명체나 타인의 생각과 마음을 가늠하는
독특한 기능을 담당하고 있다(다음의 신피질 평면도 그림에서
굵은 선으로 표시된 영역). 이 두 영역의 역할 때문에 아이는 부모의
눈짓과 표정을 보면서 부모의 마음에 공감하거나 부모의 생각을 자기
방식으로 읽을 수 있다. 인간이 명시적인 마음 이론을 학습하지 않고도
각자가 암묵적인 '마음 이론'을 갖고 있다고 말하는 것은 이런 타고난
기능 때문이다. 인간 뇌의 신피질에는 이렇게 외부 환경을 3인칭의
관점에서 기술하는 능력과 외부의 생명체나 타인의 마음을 1, 2인칭의
관점에서 읽고 교감할 수 있는 능력이 동시에 장착되어 있다.

이렇게 해서 우리는 '자연 선택, 체성 선택, 뉴런 선택, 언어 선택'이라는
다차원적인 사영 과정을 통해서 고도로 복잡하고 정교해진 인간 뇌의
'삼부뇌+전후뇌+좌우뇌'로 이루어진 다중스케일 네트워크 형태의
해부학적인 기본 기능에 대한 거시적 약도를 다음과 같이 그려볼 수
있다.

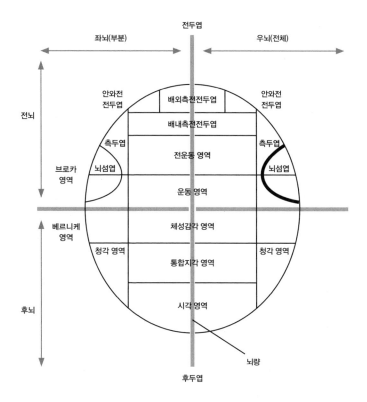

신피질의 전후뇌-좌우뇌 기능 영역의 평면도(© 심광현, 2017)

이 두 개의 약도를 결합하면, 거친 바다를 항해할 때 '지구의'가 오대륙 육대양의 위치 및 배의 위치를 파악하면서 항로를 설계하는 데 없어서는 안 될 고정좌표 역할을 해주듯이, 1차 의식과 고차 의식이 공존하며 다중적으로 파도치는 정신의 바다를 항해할 때 꼭 필요한 인지생태학적인 안정적 좌표를 얻을 수 있다. 이 기능적 좌표를 정리해보면 다음과 같다.

1) 전후뇌의 연결망: 전전두엽에서 운동 영역으로 나아가는 운동 명령과 후두엽의 시각, 측두엽의 청각 등의 감각을 종합한 지각 정보를 서로 연결하고 조율하는 두정엽의 체성 감각/공간 영역의 연결망

2) 좌우뇌의 연결망: 뇌량을 매개로 한 좌뇌와 우뇌의 연결망

3) 삼부뇌의 연결망: 가운데의 변연계(포유류의 뇌)를 매개로
하여 그 위쪽의 신피질(인류의 뇌)과 그 아래쪽의 뇌간(파충류의 뇌)을
연결하는 삼부뇌의 연결망

뇌와 몸이 서로 협력하는 3차원 가위 형태의 인지생태학적 연결망을
통해서 우리의 뇌와 몸은 3차원 환경 속에서 움직이는 대상을 정확히
포착할 수 있다. 이와 같은 3차원 연결망의 기능적 원환의 내용들을 더
상세하게 도표로 정리해보면 다음과 같다.

3차원 연결망	기능 1(지각 세계)	기능 2(행동 세계)	기능 1과 2의 종합
① 전뇌후뇌의 연결망	공간 위치 지각	운동 설계/명령	지각-행동 고리
② 좌우반구의 연결망	정확한 부분 대상의 초점화	몸을 둘러싼 전체 맥락의 파악	인지적 판단
③ 삼부뇌의 연결망	외부 세계 정보 파악	내부 가치계의 요구	소망 충족과 감정-기억

뇌의 3차원 연결망의 기능(© 심광현, 2017)

그러나 이는 안과 밖을 연결하고 욕구와 감정, 정보를 연결하는 뇌의
기본적 기능들의 좌표일 뿐, 이 기능들을 어떻게 사용할 것인가를
파악하기 위해서는 별개의 관점이 필요하다.

인간의 뇌는 전형적인 복잡계 네트워크다. 미겔 니코렐리스Miguel
Nicolelis는 수많은 뉴런들의 대규모 병렬 연결 패턴에서 만들어지는
뇌의 심포니를 이해하기 위해서는 아인슈타인의 상대성 이론과 유사한
상대론적 관점이 필요하다고 주장한다. 단일 뉴런이 뇌의 기본적인
해부학적 단위이자 정보 처리와 전송의 단위이긴 하지만, 뉴런 하나가
아니라 뉴런 집단 혹은 신경의 조화만이 행동을 유발하거나 생각을
만들어낼 수 있기 때문이다.[27]

27   미겔 니코렐리스, 『뇌의 미래: 인류의 미래를 뒤바꿀 뇌과학 혁명』, 김성훈 옮김, 김영사, 2012, pp. 30~31.

복잡계 네트워크의 분산 전략은 진화적인 이점을 갖는다. 뉴런 하나가 죽었다거나 국소적인 외상, 소규모의 뇌출혈로 뇌 조직이 조금 파괴되었다고 해서 중요한 뇌 기능을 상실할 가능성은 없다. 뉴런 집단은 적응력이 뛰어나다. 이를 가소성이 있다고도 표현한다. 만일 어떤 뉴런들이 손상되거나 죽어버렸는데, 그 뉴런들과 관계된 작업이나 환경에 반복적으로 노출되면 남은 뉴런들은 결손이 생긴 부위를 우회할 필요가 생긴다. 이 경우 뉴런은 자기를 재조직해서 생리학적, 형태적으로 변화를 일으켜 결국 주변 뉴런들과의 연결 관계도 변화시킨다. 뇌는 오케스트라처럼 작동한다. 즉각 연주자나 악기 구성을 바꿀 수도 있고, 그 과정에서 완전히 새로운 멜로디를 스스로 작곡해서 연주하기도 한다는 점에서 독특하다.[28] 분산 전략이 유리한 또 하나의 이유는 단일 뉴런 부호보다 메시지를 전달하기에 더 효율적이기 때문이다. 만약 하나의 뉴런만이 일을 한다면 뇌는 빠른 흥분 빈도 혹은 느린 흥분 빈도에 대응하는 두 가지 영상에만 반응할 수 있을 뿐이다. 그러나 같은 일을 하는 100개의 서로 다른 뉴런이 투입될 경우, 각각의 뉴런이 구분할 수 있는 형태는 두 가지밖에 없지만 100개의 뉴런을 합치면 구분 가능한 영상의 수는 2^{100}개로 껑충 뛴다.[29]

뇌의 뉴런 개수는 대략 1천억 개 정도라고 알려져 있다. 하나의 뉴런은 평균적으로 1만 개의 수상돌기(입력)와 한 개의 긴 축삭(출력)을 가지고 있어서 최대 10^{15}개의 링크를 만들어낼 잠재력이 있다. 물론 이 연결망은 무작위적으로 연결되는 것이 아니라 앞서 말한 전후뇌–좌우뇌–삼부뇌로 분화되고 전문화된 영역들 내에서, 그리고 영역들 사이에서의 연결망이라는 구조적 틀 안에서 이루어진다. 이런 영역화로 인해서 수백만 개의 뉴런들이 하나의 집단을 이루지만, 이런 집단들 간의 연결은 매우 큰 가변성을 지닌다.

복잡계 과학에서는 네트워크를 세 종류로 구분한다. (a) 중앙집중형 네트워크, (b) 탈중심화된 네트워크 혹은 척도 없는 네트워크,

---

28   같은 책, pp. 39~40.
29   같은 책, p. 40.

(c) 분산된 네트워크가 그것이다. 이 세 가지 네트워크 중에서 뇌는 타고난 가소성 때문에 (b)의 형태를 취한다.[30]

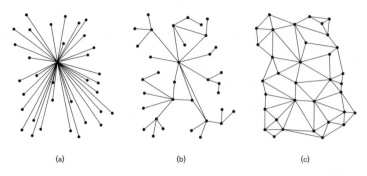

(a)   (b)   (c)

네트워크 구조의 형태

이중에서 (b) 형태의 연결망은 다음과 같이 변화할 수 있다.

약한 연결선의 중요성: 점선으로 이루어진 약간의 약한 연결선을 추가하는 것은 네트워크 안에서 건강성과 정보의 흐름을 향상시킬 수 있다.

뇌의 온전한 작동을 이해하려면 뇌 구조의 정태적 모형과 뇌 기능의 동태적 모형의 차이를 파악해야 한다. 정태적 모형은 뇌의 '물리적인 해부학적 구조'에 상응한다. 동태적 모형은 '의식의 상태 공간 phase space'에 상응한다. 이 두 모형은 상호 제약적이다. 바다에서 파도와 날씨는 항상 변화하지만 섬과 대륙의 위치는 불변하듯이, 의식의

---

30   다음의 그림들은 브렌트 데이비스·데니스 수마라, 『혁신교육, 철학을 만나다: 복잡성 이론과 실천 교육의 뿌리를 찾아서』, 서용선·현인철 옮김, 살림터, 2011, p. 102에서 재인용.

상태 공간의 가변성도 언제나 뇌의 해부학적 구조에 의해 제약된다. 이
구조적 제약이야말로 우리를 가변성의 무한한 바다에서 표류하지 않고
유한한 선택을 할 수 있게 돕는다. 이 두 가지 뇌의 모형(정태적 모형과
동태적 모형)을 우리의 마음의 능력에 적용하면 다음과 같은 두 가지
마음의 지도를 생각해볼 수 있다. 정태적 모형은 인간의 마음이 몸과
환경(타인과 생명체)의 상호작용을 매개할 수 있도록 명시적 지식과
암묵적 지식을 생산하는 다양한 능력들(다중지능)의 기능적 영역을
선천적으로 갖고 있음을 보여준다. 반면, 동태적 모형은 뇌가 이 영역들
간의 연결을—위에서 보여준 '척도 없는 네트워크'의 방식으로—
다양한 성좌의 형태로 구성하고 해체하고 재구성하는 가변적인 방식을
통해 후천적으로 창조성을 발휘할 수 있는 충분한 잠재력을 갖고
있음을 보여준다.

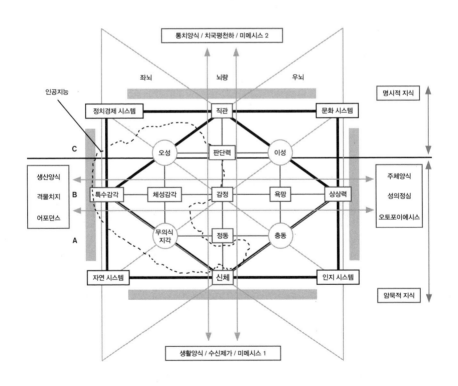

분면 내에 위치한 인간 역량의 다중스케일 네트워크(© 심광현, 2017)

1) 정태적 모형

위와 같이 도식화한 정태적 모형에서 큰 사각형의 네 귀퉁이에 있는
자연·정치경제·문화·인지 시스템은 인간 개개인을 둘러싼 자연적,
사회적 환경 조건이자 이에 대한 연구 결과인 명시적 지식의 전
체계(자연과학, 사회과학, 문화과학, 인지과학)를 뜻한다. 반면, 사각형
내부의 마름모꼴은 개인에게 선천적으로 내재된 몸과 마음의 암묵적
능력 13가지의 연결망이다. 이 사각형(환경)과 마름모꼴(인간)이
결합하여 역사적으로 형성, 발전해온 것이 생산양식, 통치양식,
주체양식, 생활양식이다. 이 네 가지 양식은 유가철학에서 말하는
8조목, 즉 격물치지, 치국평천하, 성의정심, 수신제가에 상응한다.

이 네 가지 양식을 환경과 생명체의 상호작용에 초점을 두는
인지생태학적 관점에서 재분류하면 다음과 같다. 제임스 깁슨James
Gibson이 '어포던스affordance'라고 불렀던 자연적, 인공적 사물 및
다양한 생존의 기회를 제공하는 것이 생산양식이라면, 움베르토
마투라나Humberto Maturana와 프란시스코 바렐라Francisco Varela가
'오토포이에시스autopoiesis'라고 불렀던 생명체의 자기생산적인
능동적 역량을 형성해나가는 것이 주체양식이다. 반면, 발터
벤야민Walter Benjamin이 '미메시스mimesis'라고 불렀던 인간과
인간, 인간과 자연 간의 감응·소통·협력을 활성화 혹은 억제하는 것이
통치양식과 생활양식이다. 앞의 그림에서는 생활양식을 '미메시스
1'로, 통치양식을 '미메시스 2'로 구분했다. 일반적으로는 양자 모두를
일종의 미메시스로 보면, 생활과 정치의 목적이란 결국 인간과 인간,
인간과 자연의 공생, 협력, 감응, 소통에 있음을 분명히 알 수 있다.

한편, 뇌과학적인 관점에서 보면, 특정한 어포던스의 지각·인식은
좌뇌의 주된 기능이며, 오토포이에시스의 강화, 즉 스피노자가
코나투스conatus(신체적 연장과 사유의 보존을 위한 노력)의 강화라고
불렀던 바를 관장하는 것은 우뇌이고, 양자의 차이를 연결하는 것이
바로 뇌량의 기능이다. 마름모의 네 귀퉁이에 배치된 신체, 특수감각,
상상력, 직관이라는 4개의 역량은 가운데에 있는 9개의 역량(오성,
이성, 무의식 자각, 충동, 판단력, 체성감각, 감정, 욕망, 정동)을

시시각각 초점화하는 특수한 역량이다. 물론 신체는 단순히 이 13개
역량 중의 하나가 아니라 이 모든 역량을 떠받치는 토대이지만, 이
내부의 복잡한 역량의 관계 지도는 생리학에서 다루기 때문에 여기서는
하나의 자율적 역량으로 압축한 것이다. 특수감각은 체성감각(촉각,
온도, 압력, 위치감각 등)이나 내장감각(통각) 같은 무의식적 지각과는
다르게 시각, 청각, 후각, 미각으로 특화되어 얼굴에 집중되어 있다.
상상력이 내적 기억을 토대로 다양한 역량들이 만들어내는 표상들을
자유롭게 연결하고 변형시키는 창조성의 원천이라면, 직관은 마름모의
중심축을 이루는 역량인 신체-정동-감정-판단력을 순간적으로
극대화된 형태로 종합하는 최상위 역량이다.

다른 한편으로 마름모꼴 내부의 9개 역량을 수직적인 발생적 계층
구조(전개체적 자연 → 개체적 개인 → 개체초월적 사회)와 수평적인
인지생태학적 역량과 가치라는 두 축을 교차시킨 매트릭스에
배치해보면 다음과 같다. 이 매트릭스는 지나친 도식화로 보일 수도
있겠지만, 현대사회에서 가장 중시하고 있는 과학과 윤리, 예술, 정치가
어떤 역량들에 기초해 어떤 가치 생산을 목표로 삼고 있는지, 그리고
어떤 방식으로 서로 연결될 수 있는지를 일목요연하게 보여준다는
장점이 있다.

인지생태학적 역량과 가치	어포던스(진)		오토포이에시스(선)	미메시스(미)	
	순수이성-평등		실천이성-자유	판단력-연대	
발생적 계층 구조	좌뇌(부분)		우뇌(전체)	뇌량(감성적 매개)	뇌량(지성적 매개)
	생산양식-과학		주체양식-윤리	생활양식-예술	통치양식-정치
	격물치지		성의정심	수신제가	치국평천하
C. 개체초월적 사회	오성의 과학과 정치경제학		이성/초자아의 도덕	숭고/숭배의 미학	판단력의 정치학
B. 개체적 개인	감각의 생산/소비의 논리		욕망/자아의 테크놀로지	자유미/장식미의 기예	감정의 정치학
A. 전개체적 자연	무의식적 지각의 기술공학		충동/이드의 신경생리학	매력/혐오의 정동의 리듬학	성 정치학

발생적-인지생태학적 매트릭스로 본 인간 역량의 다중스케일 네트워크

만일 시간적 과정을 고려하지 않을 경우 이 모형은 상반된 방식으로
독해될 위험이 있다. A, B, C의 분리와 환원주의적인 대립이 나타나기

쉽기 때문이다(이성과 충동, 숭고와 정동, 이상과 현실, 계몽과 실존의
대립 등). 그러나 시간의 경과를 고려할 경우 각 층위는 상대적 자율성을
지니면서도 상호의존적이라는 점이 밝혀진다. 이 점이 정태적 모형과
아래에서 제시할 동태적 모형의 가장 중요한 차이점이다.

마지막으로 인공지능이 이와 같이 다층적인 인간 역량을 어떻게
활용하고 있는지, 그에 어떻게 대처할 수 있을지를 개괄해보면 다음과
같다. 요소들의 숫자가 n이라고 할 때 이 요소들의 조합으로 만들어지는
부분집합의 총수를 표시하는 멱집합 2^n의 관점에서 보면, 인공지능이
최대한 활용할 수 있는 여섯 가지 인간 역량의 조합과 호모 사피엔스에
내재한 13가지 인간 역량의 조합은 $2^6 = 64$와 $2^{13} = 8192$라는 막대한
차이로 나타난다. 물론 이런 양적인 차이는, 대화적인 인격적 관계망
속에서 사람들 간의 연대가 활성화될 경우 무한한 수의 질적 차이로
증폭될 것이다. 이럴 경우 인류는 수십억 년에 걸쳐 지구상에서
진화해온 과정에서 획득한 계통 발생의 다양한 역량들을 모두 발휘하고
그 성과를 향유할 수 있는 단계에 이르게 될 것이다. 부상 중인 인공지능
자본주의에 대해 능동적으로 대응할 수 있는 인간 역량의 강화가 가능한
인지생태학적 근거가 여기에 있다.[31]

2) 동태적 모형
다음의 그림에 제시된 마음의 동태적인 작동 방식을 요약해보면
다음과 같다. 두 개의 수평축은 칸트가 지성과 감성이라고 부른 마음의
능력들 간의 연결 회로를 추상한 것이다. 아래의 감성 축에서는,
환경으로부터 오는 외부의 자극이 뇌간/시상하부에서 형성되는
내부의 욕구에 따라 선택적으로 수용되어 신피질의 감각 뉴런들에
의해 표상되고, 양자의 일치/불일치 여부를 판정하는 변연계의 감정에
따라 그 가치가 평가된다. 오성은 감각적 표상과 결합하여 개념을
형성하고, 이성은 욕구와 결합하여 자유의지를 형성하며, 판단력은
오성적 개념과 이성적 의지의 일치/불일치를 판단한다. 이때 여섯 가지

---

31   좌우뇌, 전후뇌, 삼부뇌를 활용한 좀더 구체적인 사회적 연대의 강화 방안에 대해서는
      심광현, 「인공지능 시대의 사회적 연대 전략에 관한 인지생태학적 밑그림」, 『혁명과 이행』,
      제8회 맑스코뮤날레 엮음, 한울, 2017 참조.

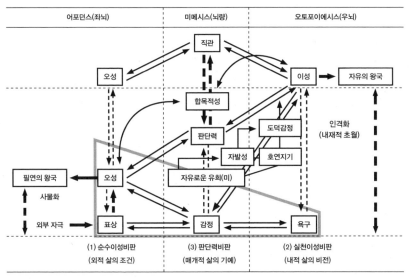

마음의 능력들의 상호작용을 통한 마음의 확장 회로(© 심광현, 2017)

능력들이 연결되는 방식은 칸트가 제시한 바와 같이 두 가지 유형으로 구분된다. '구성적 원리'와 '규제적 원리'가 그것이다. 전자는 선형적 인과관계(작용인과 질료인)에 따른 '구성 원리'로, 후자는 비선형적인 순환적 인과관계(형상인과 목적인)에 따른 '조절 원리'로 해석할 수 있다. 여기에 스피노자의 3종 인식인 '직관'을 결합시켜보면, 앞서 살핀 인지생태학적 다중스케일 네트워크(삼부뇌의 바깥-안-연결의 매개고리, 좌우뇌-뇌량의 순환 고리)의 작동 방식을 위와 같은 회로로 그려볼 수 있다. 이 두 축의 상호작용 속에서 판단력은 한편으로는 자연법칙을 인식하는 오성을 더 높은 단계의 탐구로 이끌면서, 다른 한편으로는 쾌불쾌의 감정과 인식 능력들 간의 자유로운 유희를 통해 형성되는 자발성을 통해서 자유를 추구하는 도덕 감정에 대한 마음의 감수성을 촉진하는 방식으로 작용한다.

앞서 살펴보았듯이, 인공지능 시대가 도래함에 따라 '좌뇌 편향적 사고'에서 '좌우뇌 균형적 사고'로의 전환이 요구된다. 바흐친의 말을

빌리자면 '사물화와 선순환할 수 있는 인격화'가 새롭게 요구되고
있다. 앞의 그림에서 왼쪽에서 오른쪽 방향으로 좁아드는 사다리꼴
부분처럼 사물화 기능을 포함하면서도 실선으로 이어지는 인격화의
내재적 초월성의 역량이 그것이다. 이때 중요한 매개 역할을 하는 것이
판단력과 감정의 적극적 연결에 의한 마음의 능력들 모두의 자유로운
유희에 의해 촉발된 미와 도덕 감정의 고양이다. 미적 경험은 어떤
이해관계 없이도 자연과의 교감을 촉진하여 선한 마음을 일깨우며,
숭고의 경험은 태산과 태풍의 위용 앞에서 위축을 이겨내는 자기
초월을 통해 용기를 강화시키기 때문에 호연지기를 강화하기 적합한
계기가 될 것이다. 이것이 바로 자기조직적인 마음의 확장이 가져오는
최상의 기쁨이자 선물이다.

참고 문헌
니코렐리스, 미겔, 『뇌의 미래: 인류의 미래를 뒤바꿀 뇌과학 혁명』, 김성훈 옮김, 김영사, 2012.
데이비스, 브렌트·데니스 수마라, 『혁신교육, 철학을 만나다: 복잡성 이론과 실천 교육의 뿌리를
　　　찾아서』, 서용선·현인철 옮김, 살림터, 2011.
바흐친, 미하일, 『말의 미학』, 김희숙·박종소 옮김, 도서출판 길, 2006.
벤야민, 발터, 「인식 비판 서론」, 『독일 비애극의 원천』, 김유동·최성만 옮김, 한길사, 2009.
심광현, 「혁명기 예술의 과제: 1920년대 초반 러시아 아방가르드의 사례를 중심으로」,
　　　한국철학사상연구회, 『시대와 철학』, 제26권 4호(통권 73호), 2015.
──, 「인공지능 시대의 사회적 연대 전략에 관한 인지생태학적 밑그림」, 『혁명과 이행』,
　　　제8회 맑스코뮤날레 엮음, 한울, 2017.
에델만, 제럴드, 『신경과학과 마음의 세계』, 황희숙 옮김, 범양사, 2006.
이나스, 로돌포, 『꿈꾸는 기계의 진화: 뇌과학으로 보는 철학 명제』, 김미선 옮김, 북센스, 2007.
카플란, 제리, 『인간은 필요 없다: 인공지능 시대의 부와 노동의 미래』, 신동숙 옮김, 한스미디어,
　　　2016.
폴라니, 마이클, 『개인적 지식: 후기비판적 철학을 위하여』, 김봉미·표재명 옮김, 아카넷, 2001.
Polanyi, Michael, *The Tacit Dimension*, The University of Chicago Press, 2009.

에릭 릿펠트·로날트 릿펠트

어포던스와 건축

"나는 환상계에 사는 데 관심이 없다. [……] 나는 우리가 기존에 지니고
있던 한계에서 자유로워진다면 어떻게 될지에 관심이 있다. 어쩌면
나는 우리가 다른 규칙을 따르며 살게 되면 무슨 일이 생길지 보여줄 수
있을지도 모르겠다."

— 레베우스 우즈Lebbeus Woods

영향력 있는 심리학자 제임스 깁슨James Gibson의 이론에 따르면,
일상생활은 환경의 '행동 가능성'이 일어나는 것과 관련되어 있으며,
그는 이를 '**어포던스**'(행동 유도성)라고 불렀다.[1] 어포던스는
환경에 의해 주어진 행동 가능성으로서, 인간에게 이 환경은 폭넓게
디자인되어 있다. 어포던스 이론에 대한 여러 해석은 '운동 행동motor
behavior'과 결부되어 있는데, 이는 우리가 컵이나 책과 같은 어떤
사물을 그것의 면적, 형태, 질감 등을 통해 움켜쥘 수 있고, 의자라고
부르는 사물은 비교적 평평하고 구조적으로 지탱 가능하며 높이를
수반하는 표면 덕분에 그 위에 앉을 수 있다는 사실과 같다.

그러나 어포던스는 우리의 환경이 디자인된 방식에 의해 결정될
뿐만 아니라, 인간의 능력과 사회문화적 실천에 따라 형성되어온
행동 패턴에 의해 결정되기도 한다. 예를 들어, 목수가 만든 의자에
앉는다는 어포던스는 바닥이나 카펫 위에 앉거나 어쩌면 비-좌식의
방식으로 함께 생활하는 것보다 의자에 앉는 사회문화적 관습이

1   James J. Gibson, *The Ecological Approach to Visual Perception*, Boston: Houghton Mifflin,
1979; Erik Rietveld & Julian Kiverstein, "A Rich Landscape of Affordances," *Ecological
Psychology*, vol. 26, no. 4, 2014, pp. 325~52.

RAAAF, 바르바라 피서르, 「앉기의 종말」(2014)

배경이 될 때만 적용된다고 볼 수도 있다. 우리 환경의 사회적 본성, 그보다는 **사회물질적인 본성**을 강조하고자 할 때—이는 우리가 물질과 사회의 영역을 명확하게 구분할 수 없다는 것을 의미한다— 우리는 사회물질적인 환경의 측면과 삶의 양식에서 활용 가능한 능력 사이의 관계로서 어포던스를 이해할 수 있다.[2] 인간의 삶의 양식에서 활용 가능한 수많은 능력 덕분에, 인간을 둘러싼 환경이 인간에게 제공하는 어포던스의 **경관**은 놀라울 정도로 풍족해졌다. 인지와 행동은 어포던스의 풍부한 경관 속에 자리 잡고 있으며, 그런 한편으로 어포던스에 의해 제약받기도 한다.

어포던스의 철학에서, (인간의 삶을 포함하는) 삶의 양식은 고정되어 있다기보다는 시간의 흐름에 따라 나타나는 행동 패턴으로 구성되어 있으며, 이는 대안적이거나 상이한 어포던스를 제공함으로써 변화될 수 있다. 이는 우리로 하여금 행동의 변화를 일으키는 방법을 생각하게 만든다는 점에서 중요하다. 어포던스에 대한 의존 때문에, 사회물질적으로 패턴화된 관습, 이를테면 입식 환경을 조성하는 관습과 달리 좌식 환경을 조성하는 관습은 고정된 것이 아니라 **변화 가능한 것**으로 봐야 한다. 이는 건축가와 디자이너가 새로운 사물이나 건축물을 만들 뿐만 아니라 인간의 행동 패턴을 변화시킬 수 있는, 심지어 전체 사회문화적 관습을 변화시킬 수 있는 새로운 어포던스를 창조할 수 있다는 것을 의미한다.

어포던스와 신체:「앉기의 종말」

어포던스에 기초해 건축에 접근한다는 것은 인체의 중요성에 특별한 주의를 기울이는 것을 의미하는데, 이는 세계의 중요하고 다각적인 양상이다. 그것은 숙련되어 있지만 제한적이며, 생생한 체험의

---

2   인간 환경의 사회물질성은 다음에서 좀더 자세히 논의되고 있다. Ludger van Dijk & Erik Rietveld, "Foregrounding Sociomaterial Practice in Our Understanding of Affordances: The Skilled Intentionality Framework," *Frontiers in Psychology*, vol. 7, 2017; Rietveld & Kiverstein, "A Rich Landscape of Affordances." 사회물질적 행위에 관한 고전적인 연구로는 Annemarie Mol, *The Body Multiple: Ontology in Medical Practice*, London: Duke University Press, 2002 참조.

중심지이자 특정한 치수와 나이, 그리고 살과 피를 지닌 물질적인
신체이며, (단지 운동 능력뿐만 아니라 언어나 상상력을 사용하는 좀더
추상적인 능력을 포함하여) 특정 능력에 의해 성별화되고 문화화되는
신체다. 신체화된 개인은 이러한 모든 차원에서 다양성과 차이로
특징지어진다. 또한 모든 신체에는 장애를 포함해 제약과 불능이
존재한다. 건축은 단 한 명의 정형화된 '사용자'를 충족시키기보다는
다양한 신체에 대한 가능성의 경관을 구축하는 온갖 종류의
어포던스를 제공함으로써 신체의 중요성을 진지하게 다룰 수 있다.

신체는 또한 우리에게 가장 깊게 뿌리 박혀 있는 사회문화적
관습에서 중요한 역할을 한다. 예를 들어, 사무실 근로자들은 업무
시간 대부분을 앉아서 생활하는데, 앉기의 장기적 효과에 대한 최근
의학계의 연구에 따르면, 이러한 생활은 건강에 해로운 영향을 미칠
수 있다는 것이 사실로 드러났다.[3] 네덜란드 정부 수석 건축가로부터
미래의 사무실에 대한 비전을 제시해달라는 요청을 받고, 우리는
네덜란드 정부의 몇몇 부처들을 방문했다. 그리고 우리는 앞으로
몇 년 동안의 기존 계획이 모두 사람들이 앉아 있는 것을 기본으로
한다는 매우 놀라운 사실을 발견했다. 의학 분야의 최근 연구 결과에도
불구하고, 이는 국가 정부기관에서 일하는 수십만 명의 사람들이
앉기를 권장받고 있다는 것을 의미했다. 이러한 계획의 윤리성에 대해
수동적인 비판을 늘어놓는 대신에, 우리는 미래의 사무실이 어떤
모습이어야 할지에 대해 근원적으로 다른 답을 디자인하기로 했다.

---

3 한 연구에서는 앉아 있는 시간과 모든 원인으로 인한 죽음 사이의 관계를 조사하기 위해
   22만 명의 호주인들을 추적 관찰했다. 여기서 하루에 11시간 이상 앉아 있는 사람들은
   하루에 4시간 이하로 앉아 있는 사람들보다 3년 내에 사망할 위험이 40퍼센트나 더
   높다는 것이 발견되었다. 매일 운동을 하더라도, 앉은 채로 보낸 긴 시간은 보상되지
   않는다. Hidde P. van der Ploeg, Tien Chey, Rosemary J. Korda, Emily Banks & Adrian
   Bauman, "Sitting Time and All-Cause Mortality Risk in 222,497 Australian Adults,"
   Archives of Internal Medicine, vol. 172, no. 6, 2012, pp. 494~500. 앉아 있는 것이 건강에
   미치는 영향에 대한 연구의 비평과 메타 분석으로는 다음 논문을 보라. Aviroop Biswas,
   Paul I. Oh, Guy E. Faulkner, Ravi R. Bajaj, Michael A. Silver, Marc S. Mitchel & David A.
   Alter, "Sedentary Time and Its Association with Risk for Disease Incidence, Mortality, and
   Hospitalization in Adults: A Systematic Review and Meta-analysis," *Annals of Internal
   Medicine*, vol. 162, no. 2, 2015, pp. 123~32.

RAAAF, 바르바라 피서르, 「앉기의 종말」(2014)

「앉기의 종말The End of Sitting」은 정부 기획자들에게 2025년의
사무실을 위한 대안적 비전을 제시한 것으로, 그곳에는 의자나 책상이
없다. 그 대신 서 있거나 기대는 자세를 보조하는, 즉 서기/기대기를
지지해주는 어포던스인 경사면의 경관을 볼 수 있다. 이 설치물은
사람들의 다양한 키에 맞추어졌으며, 사람들을 초대해 일반적인 작업
환경에서 활용되지 않는 운동 능력인 서고, 기대고, 비스듬히 눕는
경험을 해보도록 했다. 이처럼 근본적으로 다른 환경에서 제공하는
어포던스가 이제 그러한 능력을 사용할 수 있도록 해준다. 이들 중
일부는 의도적으로 서 있는 것을 지지하고자 디자인되었고, 다른
것들은 관련 기술을 가진 사람이 자발적으로 행할 수 있는 좀더 특이한
어포던스다. 이러한 환경의 공간적 특수성에 도달하기 위해, 우리는
어떤 자세가 실제로 일하기 편안한 방식인지, 몸의 어느 부위를
지탱해야 기대거나 비스듬히 눕기 편한지 확인하기 위해 광범위한
검사와 실험을 했다. 이 프로젝트의 목적은 하루 종일 움직이지 않을
때의 편안함보다는 일시적으로(20~60분 정도) 편안한 자세를 잡을

수 있도록 하는 것이었다. 사람들이 다양하고 더 건강한 업무 자세를 취할 수 있도록 요청하면서, 이 설치물은 사람들로 하여금 일반적으로 그들의 신체가 주어진 특정한 환경의 규칙을 당연하게 받아들이는 방식을 깨닫게 했다.

우리는 과학자들을 초대하여, 이 설치물 안에서 일해보라고 요청받은 이들의 행동을 관찰하고, 디자인에 대한 피드백을 달라고 부탁했다. 빗하헌과 칼야우가 수행한 첫번째 경험적 연구의 주제는 전통적인 개방형 사무실 환경과 비교하여 「앉기의 종말」에서 일하는 것이 더욱 즐겁고 만족감(웰빙) 또한 향상시킨다는 것을 보여주었다.[4] 다양한 자세를 위한 어포던스의 경관이 제공하는 일시적인 편안함에 대한 건축적 개념은 "많은 참가자들이 여러 자세로 일을 하고, 자리를 바꾸는" 이유를 명확하게 밝혀준다. 이 설치물은 사람들로 하여금 더욱 많이 움직이도록 만들었다. 참가자들의 오직 17퍼센트만이 한 자세로 일했는데, 이는 우리가 목표로 했던 앉아 있지 않는 자세로 대체되는 것의 역동성을 시사했다. 또 다른 연구 주제는 서 있는 사무실에서 일하고 난 뒤 사람들은 다리에 피로감을 더 느꼈지만, 더욱 활기찬 느낌을 받았다고 보고했다. 나아가 이 연구는 「앉기의 종말」에서의 생산성이 관습적인 사무실 환경과 동일하다는 점을 시사해주었다.

「습관 깨기Breaking Habits」는 「앉기의 종말」의 후속 작업으로서, 의자가 없는 가정환경의 가능성을 탐구한 것이었다. 이 실험적인 미래의 가정 경관은 확고한 생활 습관을 깬다. 사무실을 비롯한 기타 좌식 사회와 마찬가지로, 우리의 거실은 의자로 가득 차 있다. 「습관 깨기」는 2025년에 의자와 소파가 없는 세계가 어떤 모습일지 탐구한다. 이 물리적 사고 모델은 철학적 세계관을 물질화하고, 그것을 현실적인 것으로 만든다. 즉 어포던스가 구축한 대각선의 경관은

---

4   그 영향관계를 조사하기 위해서는 더 많은 연구가 필요하며, 특히 장시간 연구와 더 나이 많은 주체들에 대한 연구가 필요하다. Rob Withagen & Simone R. Caljouw, "'The End of Sitting': An Empirical Study on Working in an Office of the Future," *Sports Medicine*, vol. 46, no. 7, 2015, pp. 1019~27 참조.

RAAAF, 「습관 깨기」(2017)

자세를 변경하고, 대각선으로 서 있는 새로운 방법을 탐구하도록
유도함으로써 좀더 활동적인 삶의 양식의 발판이 되어준다는
것이다. 과연 이러한 대각선 생활은 새로운 표준이 될 것인가? 좀더
수평적인(그러나 여전히 대각선인) 표면을 사용하고, 더 부드러운
소재를 사용한 이러한 특별한 설치물을 통해, 이 어포던스는 거주
환경의 안락함을 충족시켰으나, 여전히 오랫동안 서양 거실의 일부로
남아 있던 소파와 안락의자는 그 안에서 사라지게 되었다.

활용되지 않는 어포던스: 「빈 NL」

우리 주변 환경은 또한 활용되지 못하거나 무시되는 어포던스로 가득
차 있다. 한 가지 분명한 예는 빈 건축물이다. 이들은 행동을 위한
많은 가능성을 제공하며, 우리 사회에 활용 가능한 자원으로 볼 수도
있다. 여기에는 단지 기업이나 투자회사가 소유한 빈 사무실만이
아니라, 정부 소유의 건축 유산, 이를테면 버려진 등대, 군사기지,
감옥, 기차역, 경찰서, 연구 시설 등이 포함된다. 정부 정책과 관행은
그들의 어포던스에 출입을 금지하는 사례를 만든다. 사람들이 이러한
곳에 접근할 수 있게 된다면, 이러한 빈 건축물들은 일시적으로
모든 종류의 방법으로 활용될 수 있을 것이다. 건축가나 정부 혹은
민간 당사자가 새로운 건물을 독점적으로 건축함으로써 새로운
어포던스를 창출하는 데만 초점을 맞추는 대신, 빈 건물의 어포던스를
인식하고 활용하는 데도 관심을 둔다면, 우리는 우리의 도시 환경을
더욱 잘 활용할 수 있으며, 부족한 자원의 불필요한 개발을 피할 수
있을 것이다.

「빈 NL」은 과학과 예술 분야 연구자들이 지식 개발을 하도록
17세기부터 오늘날까지 점유되지 않은 건축물이 지닌 영감의 엄청난
잠재성을 활용할 수 있도록 네덜란드 정부에 요청하는 것이었다. 이
프로젝트는 1만여 개의 사용되지 않는(비어 있는) 공공 건축물과 정부
소유 건축물의 여러 어포던스에 일시적인 접근을 늘리는 것을 목표로
하고 있다.

RAAAF, 「빈 NL」(2010)

창의적 산업은 비어 있는 정부 소유 건축물의 대양을 일시적으로
사용할 수 있는 좋은 공간적 조건(어포던스)을 필요로 한다. 우리는
빈 공간을 '순차적이고' 일시적으로 활용할 수 있는 해결책을
개발할 수 있도록 빈 공간 전문가들을 교육하는 것이 필수적이라고
주장했다. 이는 건물에서 건물로 빠르게 이동하는 것으로, 단기간
사용에 대한 소유자의 허락을 얻는 것이 더 용이하기 때문에
중요하다. 빈 공간 연구를 위해 특별히 권고되었던 것은 디자이너들이
자신과는 다른 분야의 전문가들과 훈련 과정을 함께하도록 한
것이다. 이러한 경험은 빈 공간의 일시적 사용을 위해 새로운 디자인
응용 기술을 습득하게 해주었다. 그중 한 사례는 액체 플라스틱을
틀에 붓는 정형외과용 임플란트 개발에 사용되던 기법, 즉 소위
'몰드캐스팅 moldcasting'이라고 불리는 것을 빈 건물의 맥락에 적용한
것으로, 건물을 복제한 것으로부터 벽의 역사적 특징을 상정하는
칸막이를 구축한 것이다. 그것은 빈 건물을 임시로 분할하는 새로운
어포던스의 지평을 열었다.

결론

각각의 프로젝트는 실제 사유 모델과 미래의 비전을 구축하기 위해서
어포던스에 대한 학문적인 철학이 어떻게 물질화될 수 있는지
보여준다. 어포던스는 여러 다른 방법으로 통합될 수 있다. 그것은
어포던스 경관처럼, 근원적으로 새로운 어포던스를 제공하는 환경을
계획적으로 디자인하는 것을 통해 가능하기도 하며, 비어 있는
정부 소유의 건축 유산이 지니고 있던 가능성처럼 활용되지 않는
어포던스의 가능성을 강조함으로써 가능하기도 하다. 또한 제작자에게
비전통적인 어포던스에 반응하게 하는 기술, 즉 훈련 과정을 통해
다른 관행으로부터 도구와 기법을 습득할 기회를 제공함으로써
가능한 것이기도 하다. 따라서 우리가 사회물질적 환경의 측면과
삶의 양식에서 활용 가능한 능력 사이의 관계로 규정한 어포던스는
사회물질적 환경의 측면이나 사람들의 능력 또는 **둘 모두를** 누군가
창작하는 작품을 통해 변형시킴으로써 만들거나 창조할 수 있는
것이다.

이 글의 초기 버전에서 피드백을 해준 야노 마르턴스Janno Martens, 율리안 키베르스테인Julian Kiverstein, 뤼허르 판데이크Ludger van Dijk, 마르턴 판베스턴Maarten van Westen에게 감사의 마음을 전한다. 이 연구는 네덜란드 학술연구기구의 VIDI 지원금을 받았고 에릭 릿펠트의 프로젝트 "어포드 하이어AFFORDS-HIGHER"가 유럽연구이사회로부터 신진연구지원금 679190(EU Horizon 2020)을 받아 수행된 것이다. 이 연구는 또한 로날트 릿펠트가 시각예술 분야에서 몬드리안 펀드의 지원자로 선정되어 저명 예술가를 위한 국가 지원을 받지 못했다면 수행될 수 없었을 것이다.

필자 소개

김재희
성균관대학교 초빙교수. 서울대학교에서 철학 박사학위를 받았고 이화여자대학교 연구교수를 역임했으며, 현대 프랑스철학, 포스트휴머니즘, 기술정치철학 등을 연구해왔다. 지은 책으로『물질과 기억: 반복과 차이의 운동』『베르그손의 잠재적 무의식』『시몽동의 기술철학: 포스트휴먼 사회를 위한 청사진』이 있고, 공저로는 『현대 프랑스 철학사』『포스트휴먼의 무대』『현대 기술·미디어 철학의 갈래들』 등이 있다. 옮긴 책으로 데리다와 스티글레르의『에코그라피: 텔레비전에 관하여』(공역), 베르그손의『도덕과 종교의 두 원천』, 시몽동의『기술적 대상들의 존재 양식에 대하여』등이 있다.

마크 와시우타Mark Wasiuta
큐레이터, 건축가, 작가로서 컬럼비아 대학교 건축대학원 교수로 건축 큐레이팅과를 공동 담당하고 있다. 지난 10년 동안 와시우타는 그동안 과소평가되어온 전후戰後 프로젝트들에 초점을 맞추어 연구와 아카이브 전시를 진행해왔다. 최근 전시된 작품으로는 「환경 커뮤니케이션: 간접 중독」과 서울 건축 비엔날레에 출품된「송도 제어 구문」 등이 있다. 지은 책으로『아카이브 전시: 아서 로스 건축 갤러리의 10년간의 연구』 『다큐멘터리 리메인즈』『인포메이션 폴-아웃: 버크민스터 풀러의 월드 게임』

등이 있다. 아시아문화위원회, 그래엄 재단, 뉴욕 주 예술진흥원 등으로부터 지원금을 받기도 했다.

심광현
한국예술종합학교 영상원 영상이론과 교수다. 1992년부터 2012년까지 문화이론 전문 계간지『문화/과학』의 편집인을 역임했고, 2011년부터 2014년까지 한국문화연구학회 2대 회장을 역임한 바 있다. 지은 책으로『문화사회와 문화정치』 『프랙탈』『유비쿼터스 시대의 지식생산과 문화정치』『맑스와 마음의 정치학』등이, 주요 공저로『미래교육의 열쇠, 창의적 문화교육』『사상이 필요하다』『망각과 기억의 변증법』『다시 돌아보는 러시아 혁명 100년』등이 있다. 논문으로는 「인지과학과 이미지의 문화정치」 「오토포이에시스, 어포던스, 미메시스」 등이 있다.

에릭 릿펠트·로날트 릿펠트Erik Rietveld & Ronald Rietveld
에릭 릿펠트는 철학자이자 암스테르담 대학교의 수석연구원이다. 간학제적이며 철학적인 연구 활동을 하고 있으며, 특히 숙련된 행위의 철학, 그 안에서 건축이 수행하는 역할, 뇌심부자극술을 받은 환자들의 경험 등 세 가지 주제에 연구의 초점을 맞추고 있다.『마인드』『신테제』 『아키텍처럴 리뷰』『하버드 디자인 매거진』『플로스 원』『행동·뇌 과학』 등의 저명 학술지에 정기적으로 기고하고 있다. 로날트 릿펠트는 건축가로 2006년 젊은 예술가 및 건축가에게 수여되는 네덜란드의 가장 영예로운 상 가운데 하나인 프리 드 롬을 수상했다. 로날트와 에릭이 함께 설립한 RAAAF(릿펠트 건축-예술-어포던스) 그룹은 시각예술, 건축, 철학의 교차 지점에서 작업하는 다학제적 스튜디오다. RAAAF의 작업은 전 세계적으로 발표되었고, 상파울루, 이스탄불, 베니스 등 주요 예술 및 건축 비엔날레에서 전시된 바 있다. RAAAF는 2013년 올해의 네덜란드 건축가로 선정되었고, 2013년 아키텍처럴 리뷰 어워드와 2017년 유러피언 건축상(필리프 로티에), 네덜란드 학술연구기구의 VIDI 지원금, 유럽연구이사회의 신진연구지원금 등 수차례의 수상 경력을 가지고 있다. 여러 심사위원들이 건축과 철학, 예술의 학제적 경계를 횡단하고 확장하는 RAAAF의 역량을 높이 평가한 바 있다. 에릭 릿펠트와 로날트 릿펠트는 네덜란드 왕립예술과학한림원의 예술학회 소속 회원이기도 하다.

에마 아리사Arisa Ema

도쿄 대학교의 조교수이자 일본 이화학연구소RIKEN 내 첨단지능 프로젝트의 객원 연구원이다. 2012년 도쿄 대학교에서 박사학위를 받았고, 교토 대학교 하쿠비 고등연구센터에서 조교수로 재직했다. 현재 과학기술연구STS 분야 연구원으로, 주 관심사는 학제 간 연구 그룹을 조직하여 인공지능의 혜택과 위험성을 연구하는 것이다. 2014년에는 인공지능과 사회 간의 새로운 쟁점과 관계를 다루는 수용 가능한 책임 있는 지능 연구 그룹AIR을 공동 설립했다. 일본인공지능협회JSAI의 윤리위원회 위원이며, 이곳에서『일본 인공지능협회 윤리 지침』발간 작업에 참여했다. 한편 2017년 봄 일본에서 개최된 'IEEE 윤리적으로 조정된 디자인, 버전 1 워크숍'을 기획하기도 했다.

육휘Yuk Hui

독일 뤼네부르크 로이파나 대학교의 '참여의 기술-생태학' 프로젝트 연구원이며, 같은 학교 철학연구소에서 가르치고 있다. 또한 중국 항저우에 있는 중국 미술학원의 초빙교수이자 시몽동 국제연구센터(인간과학의 집, 파리 노드)의 멤버이기도 하다. 특히『메타필로소피』『현상학 연구』『앙게리키』『파르헤지아』『카이에 시몽동』『기술철학연감』같은 저널에 기술철학 및 매체철학에 관해 발표해왔다. 지은 책으로『디지털 대상의 실재에 대하여』『중국의 기술에 관한 질문: 코스모테크닉에 관한 에세이』등이 있다. 『'비물질성' 이후 30년: 예술, 과학, 이론』의 공동 편집을 맡기도 했다.

진중권

동양대학교 교양학부 교수이자 기술미학연구소의 소장으로 인문학과 게임, 디자인, 공학 등 다른 분야와의 융합 연구를 주도하고 있다. 서울대학교 미학과를 졸업하고 같은 학교 대학원에서 석사학위를 받았으며, 이후 베를린 자유대학에서 비트겐슈타인의 언어철학을 공부했다. 지은 책으로『미학 오디세이』『아이콘』『생각의 지도』『현대미학 강의』『진중권의 서양미술사』『이미지 인문학』『진중권이 사랑한 호모 무지쿠스』『미디어 이론』등이 있다.

필자 소개

카트린 말라부Catherine Malabou

프랑스 철학자로, 킹스턴 대학교의 현대유럽철학연구센터에서 철학과 교수로 재직하고 있다. 프랑스 사회과학고등연구원에서 자크 데리다의 지도로 박사학위를 받았으며, 이때 작성한 논문은 이후 단행본 『헤겔의 미래: 가소성, 시간성, 변증법』으로 출간되었다. 말라부의 철학사상에서 핵심 개념인 '가소성'은 헤겔의 철학적 개념과, 의학에서 거론하는 줄기세포의 역할과 신경 가소성 개념 등에서 영향을 받은 것이다. 지은 책으로 데리다와 함께 공저한 『자크 데리다와 함께 여행하기: 보도步道』를 비롯해, 트라우마 현상을 통해 신경과학, 정신분석학, 철학이 교차되는 지점을 사유한 『새로운 부상자』, 그리고 가장 최근 작품인 『내일이 오기 전에: 후성설과 합리성』 등이 있다.

커먼 어카운츠Common Accounts

이고르 브래가도Igor Bragado와 마일스 거틀러Miles Gertler가 2015년 프린스턴 대학교에서 설립한 단체다. 브래가도와 거틀러는 「매일 더 가까이: 일상적 죽음의 건축」 등의 작업과 더불어 제3회 이스탄불 디자인 비엔날레에서 선보인 「유체가 되다: 강남의 성형 프로토콜」 등의 작품을 통해 이름을 알렸다. 커먼 어카운츠는 유동적인 신체, 케이팝의 인프라 구조, 가정 공간의 가용성, 기억하기 쉬운 슬로건 등에 깊은 관심을 지니고 있다. 브래가도와 거틀러는 베이징, 토론토, 이스탄불을 비롯해 뉴욕의 컬럼비아 대학교에서 가르치고 있으며, 로스앤젤레스의 A+D 뮤지엄, 『언큐브 매거진』『쿠아르토: 아키텍처 플레이그라운드』『아트시』『디진』 등을 통해 최근 작품을 발표해왔다. 특히 거틀러는 토론토의 코킨 갤러리에서 두 번의 개인전을 개최했으며, 워털루 대학교 건축대학에서 겸임교수로 재직하고 있다. 브래가도는 스페인 일간지 『엘 파이스』에 비평문을 기고하고 있으며, 쿠퍼 유니온 대학교의 건축대학 겸임교수로 재직하고 있다. 브래가도는 2017년 런던의 디자인사학회로부터 비평상을 받기도 했다.

하나 프록터Hannah Proctor

베를린의 문화탐구연구소ICI 박사후 연구원으로, 정치적 투쟁의 여파로 발전된 여러 치료 형태들을 중점적으로 다루면서 (그것과 넓게 연관된) '급진적 정신의학'의 일시적 역설을 연구하는 프로젝트를 진행하고 있다. 최근에는 미술사학자 란 압스 고거티와 '공산주의자의 감정'이라는 프로젝트를 공동으로 진행하고 있다. 프록터는 런던 버크벡 대학교에서 구소련의 심리학자이자 신경학자인 알렉산더 루리야를 연구해 박사학위를 받았으며 이후 퀴어 이론, 주름, 레이온 스타킹, 젠더와 죽음 충동, 혁명적 모성, 두뇌 영상 소프트웨어, 공산주의 교육학 등의 주제를 포괄적으로 다루면서 관련 글들을 출간해왔다. 현재 철학 저널 『래디컬 필로소피』의 편집위원으로도 활동하고 있다.

홍성욱

서울대학교 과학사 및 과학철학 협동과정에서 강의 및 연구를 담당하고 있다. 서울대학교로 오기 전에는 토론토 대학교에서 가르쳤다. 인간과 사회를

이해하는 데 과학과 기술에 대한 깊은
이해가 꼭 필요하다고 생각하여, 과학과
기술에 대한 STS적 관점을 설파하고
있다. 또한 인간과 기계의 접면으로서의
자동인형에 관심을 가지고 있으며,
최근에는 과학과 종교, 포스트휴머니즘,
인공지능의 윤리적 문제 등을 연구하고
있다. 지은 책으로 『그림으로 보는 과학의
숨은 역사』 『홍성욱의 STS, 과학을
경청하다』 『인간의 얼굴을 한 과학』 등이,
주요 공저로 『욕망하는 테크놀로지』
『과학철학』 『시민을 위한 테크놀로지
가이드』 『과학은 논쟁이다』 등이 있다.

기획자 소개

니콜라우스 허쉬Nikolaus Hirsch
프랑크푸르트에서 활동하고 있는
건축가이자 편집자, 큐레이터다.
프랑크푸르트 슈테델슐레와 포르티쿠스의
디렉터를 역임했으며, 현재 뉴욕의 컬럼비아
대학교에서 가르치고 있다. 대표적 건축
작업으로 「드레스덴 유대교회당」(2001),
「힝차토 기록 센터」(2006), 「사이버모할라
허브」(델리, 2008~12), 리크릿 티라바니자와
함께 만든 랜드의 아티스트 레지던시,
「불멸의 미술관」(멕시코시티, 2016) 등이
있다. 또한 포르티쿠스에서 수많은 전시를
기획했고, 광주 비엔날레에서 「광주
폴리」 프로젝트를, 베를린 세계문화의
집HKW에서 「집에 대한 질문」(2015)이라는
전시를 기획했다. 현재 슈테른베르크
출판사의 '비평적 공간 실천' 시리즈와
온라인 저널 『이플럭스 건축』의 공동
창립자이자 편집자로 활동하고 있다.

닉 악셀Nick Axel

로테르담에서 활동하고 있는 건축가이자
이론가, 편집자로, 현재 『이플럭스 건축』의
부편집자로 활동하고 있다. 잡지 『볼륨』의
44~49호를 편집했으며, 런던 골드스미스
대학교 연구팀 '포렌식 아키텍처'의
연구원으로도 활동했다. 팔레스타인의
'탈식민 건축 예술 레지던시DAAR'
프로그램에 참여했고, 골드스미스
건축연구센터에서 미국의 수압 파쇄에
대한 공간적 법 규제 완화를 연구하기도

했다. 또한 스트렐카 전문학교, 네덜란드
아인트호반 디자인 아카데미, 헤이그
왕립예술학교, 바이마르 바우하우스
대학교, 바틀렛 건축학교 등에서 건축학,
이론, 디자인을 가르치고 있다.

마크 위글리Mark Wigley

컬럼비아 대학교 건축대학원의 교수이자
학장이다. 세계 곳곳에서 다양한 전시를
기획해왔으며, 2016년에는 베아트리츠
콜로미나와 함께 '우리는 인간인가?: 종의
디자인'이라는 주제로 제3회 이스탄불
디자인 비엔날레를 공동 기획하기도
했다. 대표작으로 『데리다의 출몰: 해체의
건축학』『하얀 벽, 디자이너의 의복: 근대
건축의 유행』『콘스탄트의 새로운 바빌론:
욕망의 하이퍼-아키텍처』『버크민스터
풀러 주식회사: 라디오 시대의 건축』을
비롯해 베아트리츠 콜로미나와 공저한
『우리는 인간인가?: 디자인의 고고학에
대한 서술』이 있다.

베아트리츠 콜로미나Beatriz Colomina

프린스턴 대학교 건축학과에서 역사와
이론을 담당하는 교수로, 이 학교에서
'미디어와 모더니티 프로그램'을 만든
디렉터이기도 하다. 건축, 예술, 성, 미디어
등에 관한 광범위한 질문을 던지면서
다양한 집필을 하고 있다. 대표작으로
『섹슈얼리티와 공간』『사적인 것과 공적인
것: 대중매체에 드러나는 현대 건축양식』
『전시戰時의 가정생활』『클립/스탬프/폴드:
리틀 매거진의 급진적 건축 196X~197X』
『건축학 선언문: 미스의 유령』『우리는
인간인가?: 디자인의 고고학에 대한 서술』
등이 있다. 한편 2016년 제3회 이스탄불

디자인 비엔날레에서 마크 위글리와 공동
큐레이터로 활약하기도 했다.

안톤 비도클Anton Vidokle
아티스트이자 『이플럭스 저널』의 편집자다.
모스크바에서 태어났으며, 뉴욕과
베를린에서 거주하고 있다. 비도클의
작업은 카셀 도큐멘타 13과 제56회 베니스
비엔날레 등 국제적인 미술행사에서
전시된 바 있으며, 그의 영화는 베를린
세계문화의 집, 베르겐 어셈블리, 상하이
비엔날레, 제65회와 제66회 베를린
국제영화제의 포럼 익스펜디드 부문,
광주 비엔날레, 파리 퐁피두센터, 런던의
테이트모던, 모스크바의 개러지 뮤지엄,
이스탄불 비엔날레를 비롯한 여러 행사에서
상영되었다.

이지회
국립현대미술관 건축 학예연구사다.
런던 골드스미스 대학교에서 예술비평을,
뉴욕 컬럼비아 대학교 건축대학원에서
건축 큐레이팅을 전공했다.
국립아시아문화전당의 '새로운 유라시아
프로젝트' 큐레이터로 작가 박경과 함께
3년간 이 프로젝트를 이끌었고, 2014년
베니스 건축 비엔날레 한국관의 전시
'한반도 오감도'의 부큐레이터이자
사무국장으로 참여해 최고 국가관상인
황금사자상을 받았다. 플라토 삼성미술관의
'매스스터디스 건축하기 전/후' 전시의 협력
큐레이터로도 활동했다.

도판 목록

진중권 — 유희로서 노동

p. 13. Chalie Chaplin, *Modern Times*, 1936. Photo © Roy Export S.A.S.

pp. 14~15. Pieter Bruegel, *Children's Games*, 1560. Painting(Oil on panel, 118×161cm). Location: Kunsthistorisches Museum, Vienna.

p. 20. Seven PC cafe near Sungsin Women's University in Seoul. Photo © Seven PC cafe.

p. 22. Jon aka Introduxium, *Reality the worst game ever*, 2007. Photo © Introduxium(https://imgur.com/gallery/MjTZH).

김재희 — 포스트휴먼 시대, 탈노동은 가능한가?

p. 45. Women working in ordnance plants in World War I: spanner slotting fuse on head end of fuse bodies at Gray & Davis Co., Cambridge, Mass., Between 1914 and 1918. Photo: Retrieved from the Library of Congress(http://www.loc.gov/item/2004673216/).

p. 46. Orlando Mini Maker Faire, May 2012, Photo: Mitch Altman(CC BY-SA 2.0).

에마 아리사 — 과업과 가치

pp. 50~51. Guest at counter of Henn-na Hotel, 2015. "AIR, Changing Workplace: A Robot Hotel," interview in Japanese, *Information Processing Society of Japan Magazine*, vol. 57, no. 11, 2016, pp. 1078~83. Photo © huistenbosch.

마크 와시우타 — 무아경의 정화

p. 57. Air over Naples, Italy and Mount Vesuvius. Photo © Bryonie Carolan. Image courtesy of Bryonie Carolan.

p. 59. Lavender garden with view to the Pacific Ocean at Cliffside Malibu addiction treatment center. Photo © Image courtesy Cliffside Malibu.

p. 59. Private chef preparing meal at Cliffside Malibu addiction treatment center. Photo © Image courtesy Cliffside Malibu.

p. 59. Private room at Cliffside Malibu addiction treatment center. Photo © Image courtesy Cliffside Malibu.

pp. 60~61. Sitting area with view at Cliffside Malibu addiction treatment center. Photo © Image courtesy Cliffside Malibu.

p. 65. The Esalen Institute lodge in the 1960s. Photo © Paul Herbert. Image courtesy of the Esalen Institute.

p. 65. Buckminster Fuller speaking at the Esalen Institute. Photo © Paul Herbert. Image courtesy of the Esalen Institute.

pp. 66~67. An Esalen Institute workshop in the 1960s. Photo © Paul Herbert. Image courtesy of the Esalen Institute.

p. 68. Path to the baths of the Esalen Institute. Photo © Paul Herbert. Image courtesy of the Esalen Institute.

p. 69. "Nude Encounter Group" in *LIFE*, July 12, 1968. Photo © Ralph Crane/Time Life Pictures/Getty Images.

pp. 72~73. Michel Foucault and Michael Stoneman in Death Valley. First published in Heather Dundas, "Michel Foucault in Death Valley: A Boom interview with Simeon Wade," *Boom California*, September 10, 2017(https://boomcalifornia.com/2017/09/10/michel-foucault-in-death-valley-a-boom-interview-with-simeon-wade/). Photo © Simeon Wade.

p. 74. President Richard Nixon signing into law the Controlled Substances Act, October 27, 1970. Photo: The Richard Nixon Presidential Library and Museum.

p. 76. Werner Erhard of greeting early EST graduates at an Erhard Seminars in Training reunion, 1976. Photo © Image courtesy of the Werner Erhard Foundation.

홍성욱 — 자폐 소년, 소통하는 기계

pp. 82, 84, 87, 88. Drawings by Joey, from Bruno Bettelheim, "Joey: A Mechanical Boy," *Scientific American*, no. 3, 1959.

하나 프록터 — 애도하는 투쟁

pp. 94~95. Grenfell Tower wall of condolence, 2017. Photo: Aaron Bastani/Twitter.

커먼 어카운츠 — 유체가 되다

p. 120. Common Accounts, *The trailer home living room of John Berlin in transition, 2012~14*, 2017.

p. 123. Hans Hollein, "Arrengement of Interrelated Subjects," 1976. From "MAN transFORMS," an international exhibition on aspects of design, conceived by Hans Hollein and sponsored by the Johnson Wax Company, for the opening of the Smithsonian Institution's National Museum of Design, New York: Cooper-Hewitt Museum, 1976.

p. 123. Gottfried Semper, *The Duke of Wellington's Funeral Car*, elevation, 1852. Originally published in *The Illustrated London News*, November 20, 1852.

p. 126. "Medical Tour Guide Map," *Korea Medical Tour Guide*, vol. 1, Spring 2014. Source © ㈜글로벌의료관광평가원 제공.

pp. 128~29. Common Accounts, *Lifestyle YouTuber, Bedroom*, 2016.

pp. 130~31. Common Accounts, *Regen Clinic's Lobby, Seocho-dong, Seocho-gu, Seoul*, 2016.

심광현 — 뇌의 안정성과 가소성의 변증법

p. 156. Paul Baran, "On Distributed Communications Summary Overview," Santa Monica: The Rand, August 1964(RM-3767-PR).

에릭 릿펠트·로날트 릿펠트 — 어포던스와 건축

pp. 164~65. RAAAF and Barbara Visser, *The End of Sitting*, 2014. Photo © Ricky Rijkenberg.

p. 168. RAAAF and Barbara Visser, *The End of Sitting*, 2014. Photo © Jan Kempenaers.

pp. 170~71. RAAAF, *Breaking Habits*, 2017. Photo © Johannes Schwartz.

p. 173. RAAAF, *Vacant NL*, 2010. Photo © Rob 't Hart.

슈퍼휴머니티: 인간은 어떻게 스스로를
디자인하는가

국립현대미술관 × 이플럭스 건축
국제 심포지엄
2017년 10월 27~28일

주최
국립현대미술관, 이플럭스 건축

후원
주한 스페인 대사관

국립현대미술관 서울관
03062 서울시 종로구 삼청로 30(소격동)
전화 02-3701-9500
www.mmca.go.kr

주최

  e-flux architecture

후원

GOBIERNO
DE ESPAÑA

MINISTERIO
DE ASUNTOS EXTERIORES
Y DE COOPERACIÓN

총괄
강승완 학예실장

기획
이지회

이플럭스 건축 공동기획
베아트리츠 콜로미나, 마크 위글리,
니콜라우스 허쉬, 닉 악셀

발제자
김재희, 마크 와시우타, 심광현, 에릭 릿펠트,
육 휘, 진중권, 카트린 말라부,
커먼 어카운츠(이고르 브래가도, 마일스 거틀러),
하나 프록터, 홍성욱, 히로시 야마카와

기획 협력
최지나

홍보·마케팅
이성희, 윤승연, 이기석, 김은아, 노혜원, 기성미

행사 운영
크리스앤파트너스

디자인
프랙티스

번역·감수
김정화, 김지혜

멀티미디어홀 담당
지정수

기획 보조
변영선

인턴
신아연